강제동원&평화총서 - 감感·동動 1

# 징용徵用 공출供出
# 강제연행 강제동원

정혜경鄭惠瓊 저

강제동원&평화총서 - 감感·동動 1
# 징용徵用 공출供出 강제연행 강제동원

초판 1쇄 발행 2013년 7월 31일

저 자 | 정혜경
발행인 | 윤관백
발행처 | 도서출판 선인

편 집 | 윤지원
표 지 | 윤지원
영 업 | 이주하

등 록 | 제5-77호(1998.11.4)
주 소 | 서울시 마포구 마포동 324-1 곳마루 B/D 1층
전 화 | 02)718-6252/6257  팩 스 | 02)718-6253
E-mail | sunin72@chol.com

정 가 6,000원
ISBN 978-89-5933-634-4 (세트)
ISBN 978-89-5933-637-1 04900

· 잘못된 책은 바꿔 드립니다.

강제동원&평화총서 – 감感·동動 1

# 징용徵用 공출供出
# 강제연행 강제동원

정혜경鄭惠瓊 저

선인

[감동 1 - 징용徵用, 공출供出, 강제연행, 강제동원]은

일제말기 일본이 저지른 아시아태평양전쟁에 동원된 조선인 인력동원의 개념과 현황을 담은 입문서이다.

일본 공문서에서 사용한 공식 용어는 '공출'인데, 왜 식민지 조선 사회와 전후 한국 사회에는 '징용'이라는 용어로 일반화 되었는가. 징용은 인력동원의 전 분야를 포괄하는 개념이 아닌데, 왜 현재 한국 사회에서 '인력동원=징용'이라는 도식이 성립하게 되었는가. 이 책의 문제의식이다.

문제의식을 풀어가는 과정에서 인력동원의 분야별 동원 현황을 종합적으로 정리했다. 학계에 발표된 인력동원 관련 용어 및 개념을 분석한 후 필자의 입론을 제시했다. 아울러 한일 학계가 오랫동안 가지고 있었던 '국민징용령'에 대한 오류를 지적하고, 제국 일본의 인력동원 제도에서 국민징용령이 갖는 성격도 밝혔다.

아베 신조 수상의 취임과 함께 침략전쟁을 부정하는 일본우익의 목소리가 뜨겁다. 일본 탓만 하기에는 한국의 상황도 만만치 않다. 역사 교육을 등한시한 한국 사회가 감당할 몫은 무겁고도 무겁다.

[감동1 - 징용徵用, 공출供出, 강제연행, 강제동원]은

한국 사회에서 인력동원의 강제성을 생각하는 기회를 제공해 준다.

# 목차

**제1장 ·** 징용徵用과 공출供出     **06**
    1. 왜 징용인가     **06**
    2. 공출供出 – 징용은 누가 갔는가     **08**
    3. 떠나가는 조선인들     **15**

**제2장 ·** 강제동원, 강제연행     **53**
    1. 용어 문제     **53**
    2. 인력동원의 분류     **57**

**제3장 ·** 법령과 징용제도     **63**
    1. 국민징용령과 국민징용     **64**
    2. 국민징용령과 조선     **80**

**에필로그 ·** 강제성을 생각하다     **87**

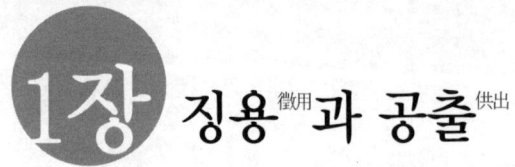

# 1장 징용<sup>徵用</sup>과 공출<sup>供出</sup>

## 1. 왜 징용인가

제주 4.3 사건을 다룬 영화 '지슬'의 첫 장면에 장총을 하나 구해 온 마을 청년이 나온다. '총 쏠 줄 아냐'는 마을 형님의 비웃음 섞인 한 마디에 청년은 '그럼 그것도 모릅니까. 징용 갔다 왔는데….'라며 퉁바리를 준다.

징용을 다녀왔는데, 총을 쏠 줄 안다니, 이게 맞는 말인가? 아니다.

일제강점기에 총은 경찰이나 군인이 아니면 구경할 수 없는 물건이었다. 아마도 청년은 군인으로 동원되었으리라. 그런데 감독은 왜 군인을 의미하는 '징병'이나 '지원병'이 아닌 '징용'이라는 대사를 넣었을까. 한국 사회에서 징용은 일제말기 인력동원(강제동원 또는 강제연행)을 대변하는 상징적 용어이기 때문이다.

강제동원을 조사하는 정부 기관에서 일하는 직원들이 노인들에게 29자의 긴 기관 이름(대일항쟁기 강제동원피해조사 및 국외 강제동원희생자 등 지원위원회)을 설명하는 가장 쉬운 방법도 '징용 갔다

온 거 조사하는 곳'이란 한마디이다. 한국정부가 1957년에 신고를 받아 만든 명부에는 군인과 노무자가 모두 포함되어 있다. 그런데 이 명부의 이름은 '왜정시피징용자명부'이다. 이 명부의 명칭은 인력동원=징용의 공식화라 할 만 하다. 이 점은 징용에 대한 한국 사회의 인식을 단적으로 보여준다.

그렇다면 징용徵用은 무엇을 의미하는가.

먼저 사전을 찾아보면, '국가의 권력으로 국민을 강제적으로 일정한 노역에 종사시키는 것'(백과사전) '전시·사변 또는 이에 준하는 비상사태에 국가의 권력으로 국민을 강제적으로 일정한 업무에 종사시키는 일'(국어사전) 등으로 나타난다. 사전적 정의에서 공통적인 단어는 '국가 권력, 강제'이다.

식민지 조선 민중들이 일본의 침략전쟁, 아시아태평양전쟁[만주사변, 중일전쟁, 태평양전쟁 등 1931~1945년간 일본이 일으킨 전쟁을 포괄적으로 지칭하는 용어]에 동원되었던 시절에는 어떤 의미로 사용되었는가.

조선총독부가 대민 홍보용으로 만든 『조선징용문답』(조선문)에 의하면, '징병은 천황폐하의 명령대로 전선에 나가 싸우는 것이요, 징용은 총후에서 국가가 명하는 총동원업무에 종사하는 것'이며, '근본에 있어서는 다 같이 국가에 봉공하는 것'을 의미한다.[1]

이 정의에 따르면, 징용은 징병과 근본은 같지만 전선에서 싸우는 일을 하지 않는 사람을 지칭한다. 군인이 아니므로 비병력, 즉 노무자나 군무원[군대 구성원으로 육·해군에 종속하는 군인 이외의 자. 당시에

---

1) 宮孝一 저, 上田龍男 역, 『조선징용문답』, 每日新報社, 1944, 1~2쪽

는 군속이나 군부로 불림]에 해당될 것이다.


## 2. 공출供出 - 징용은 누가 갔는가

마을 노인을 대상으로 일제시기 생활상을 조사한 연구자에 의하면, 노인들은 "왜정 때 가장 힘들고 무서운 일은 공출"이라 회상했다고 한다. 대부분의 노인들이 떠올리는 공출은 '왜정 때 당국이 놋그릇이나 쌀 등 물자를 강제로 빼앗아 간 것'이다.

국어사전에서 공출을 찾아보면, '국민이 국가의 수요에 따라 농업생산물이나 기물 따위를 의무적으로 정부에 내어놓음'이라고 적혀 있다. 한국민족문화백과사전에서도 공출은 '민족항일기와 미군정시대의 식량 부족에 대한 대책으로, 식량의 자유로운 유통을 통제하고 농민으로 하여금 할당받은 일정량의 농산물을 정부에 의무적으로 팔도록 한 제도'이다.

두 사전 정의 모두 대상을 물자로 한정하고 있다. 그러나 일제말기 공문서에 기록된 '공출'은 물자만이 아니었다. 강제동원한 조선인에 대해서도 '공출'이라는 용어를 사용했다. 사전에서는 모두 공출이 '물자를 정부에 내놓는 일'이라 정의하는데, 일제말기의 일본 공문서에 사람(조선인)에 대해 '공출'을 사용한 것은 어떻게 이해해야 하는가.

이 자료를 보면서 드는 첫 번째 생각은, '사람(조선인)을 물자처럼 취급했다는 의미인가'이다. 두 번째는 '물자와 인력은 깊은 관련성을 가

온 거 조사하는 곳'이란 한마디이다. 한국정부가 1957년에 신고를 받아 만든 명부에는 군인과 노무자가 모두 포함되어 있다. 그런데 이 명부의 이름은 '왜정시피징용자명부'이다. 이 명부의 명칭은 인력동원=징용의 공식화라 할 만 하다. 이 점은 징용에 대한 한국 사회의 인식을 단적으로 보여준다.

그렇다면 징용徵用은 무엇을 의미하는가.

먼저 사전을 찾아보면, '국가의 권력으로 국민을 강제적으로 일정한 노역에 종사시키는 것'(백과사전) '전시·사변 또는 이에 준하는 비상사태에 국가의 권력으로 국민을 강제적으로 일정한 업무에 종사시키는 일'(국어사전) 등으로 나타난다. 사전적 정의에서 공통적인 단어는 '국가 권력, 강제'이다.

식민지 조선 민중들이 일본의 침략전쟁, 아시아태평양전쟁[만주사변, 중일전쟁, 태평양전쟁 등 1931~1945년간 일본이 일으킨 전쟁을 포괄적으로 지칭하는 용어]에 동원되었던 시절에는 어떤 의미로 사용되었는가.

조선총독부가 대민 홍보용으로 만든 『조선징용문답』(조선문)에 의하면, '징병은 천황폐하의 명령대로 전선에 나가 싸우는 것이요, 징용은 총후에서 국가가 명하는 총동원업무에 종사하는 것'이며, '근본에 있어서는 다 같이 국가에 봉공하는 것'을 의미한다.[1]

이 정의에 따르면, 징용은 징병과 근본은 같지만 전선에서 싸우는 일을 하지 않는 사람을 지칭한다. 군인이 아니므로 비병력, 즉 노무자나 군무원[군대 구성원으로 육·해군에 종속하는 군인 이외의 자. 당시에

---

1) 宮孝一 저, 上田龍男 역, 『조선징용문답』, 每日新報社, 1944, 1~2쪽

는 군속이나 군부로 불림]에 해당될 것이다.

## 2. 공출供出 - 징용은 누가 갔는가

마을 노인을 대상으로 일제시기 생활상을 조사한 연구자에 의하면, 노인들은 "왜정 때 가장 힘들고 무서운 일은 공출"이라 회상했다고 한다. 대부분의 노인들이 떠올리는 공출은 '왜정 때 당국이 놋그릇이나 쌀 등 물자를 강제로 빼앗아 간 것'이다.

국어사전에서 공출을 찾아보면, '국민이 국가의 수요에 따라 농업생산물이나 기물 따위를 의무적으로 정부에 내어놓음'이라고 적혀 있다. 한국민족문화백과사전에서도 공출은 '민족항일기와 미군정시대의 식량 부족에 대한 대책으로, 식량의 자유로운 유통을 통제하고 농민으로 하여금 할당받은 일정량의 농산물을 정부에 의무적으로 팔도록 한 제도'이다.

두 사전 정의 모두 대상을 물자로 한정하고 있다. 그러나 일제 말기 공문서에 기록된 '공출'은 물자만이 아니었다. 강제동원한 조선인에 대해서도 '공출'이라는 용어를 사용했다. 사전에서는 모두 공출이 '물자를 정부에 내놓는 일'이라 정의하는데, 일제말기의 일본 공문서에 사람(조선인)에 대해 '공출'을 사용한 것은 어떻게 이해해야 하는가.

이 자료를 보면서 드는 첫 번째 생각은, '사람(조선인)을 물자처럼 취급했다는 의미인가'이다. 두 번째는 '물자와 인력은 깊은 관련성을 가지고 있구나' 하는 생각이다.

그렇다.

전쟁을 수행하는 당국의 입장에서 물자와 인력은 떨어트려 생각할 수 없다. 전쟁은 군인이 있다 해서 치를 수 없기 때문이다. 물자가 있어야 하고, 물자를 생산하는 노동력이 있어야 한다. 물자를 생산하는 원료 자체가 있어야 한다.

당시 병사 한 명을 전쟁터에 내보내기 위해서는 13~18명의 노동력이 필요했다. 병사가 사용해야 할 무기는 물론, 입는 옷이나 양말, 신발까지 모두 제공해야 한다. 병사들이 타고 다니는 트럭이나 비행기, 군함도 모두 병사가 아닌 민간인들이 만들어야 하는 물품이다. 트럭이나 비행기, 군함을 만들기 위해 돌려야 하는 기계는 석탄이 있어야 가능하다. 군함과 비행기를 만들기 위해서는 철강이 필요하고, 병사들의 옷을 만들기 위해서는 옷감이 필요하다. 석탄도 탄부들이 캐내야 한다. 탄부들이 캐낸 석탄이나 군수공장에서 만든 물품을 화물차와 선박에 싣는 일도 누군가가 해야 한다. 비행장과 도로, 철도도 사람의 손을 빌리지 않으면 불가능하다. 병사들이 먹을 식량을 생산해서 제공해야한다.

이렇게 물자와 노동력이 뒷받침되어야 병사들은 움직일 수 있고 전쟁을 수행할 수 있다. 그러므로 전쟁을 수행하는 당국의 입장에서 물자와 노동력은 분리되지 않는 한 덩어리이다. '공출'이라는 용어를 사람(조선인)과 물자에 함께 적용한 배경을 짐작할 수 있다.

그렇다면 누가 공출되는가.

먼저 대상자에서 제외되는 사람들을 생각해보자. 당연히 공출대상자에서 제외되는 1순위는 동원 주체자였다. 지위와 권력을 가진 사람들, 정책결정자들은 동원 주체이므로 공출대상이 아니다. 농사지을 땅이 있는 사람도 제외대상이다.

당시 일본이 전쟁을 치르기 위해 식민지 조선에 부과한 의무는 한 가지가 아니라 인력과 물자의 공출, 두 가지였다. 인력을 모두 공출해버리고 나면 물자는 누가 공출하겠는가. 그러니 물자를 공출할 사람은 남겨두어야 했다. 남겨진 사람이란 기술직으로서 군수공장에 근무하거나 광산의 광부들, 그리고 토지가 있어서 식량을 공출할 수 있는 사람들이다.

결국 공출되는 사람은, 토지가 없어서 식량을 내놓을 수 없는 사람. 지위가 없어서 다른 사람을 공출할 수 없는 처지에 놓인 사람. 동네에서 가장 힘이 없고 가난한 사람이다.

공출 물자 가운데 가장 중요한 것은 역시 쌀이다. 물론 공출 물자는 쌀에 그치지 않았다. 국가총동원법에 따르면, 총동원 물자는 군용 물자(병기·함정·탄약 기타), 피복·식량·음료·사료, 위생용 물자(의료품·의료 기계 기구 등), 운수용 물자(선박·항공기·차량 등), 통신용 물자, 토목건축용 물자, 조명용 물자, 연료 (석탄과 광물자원) 및 전력이다. 조선에 부과된 물자는 일본에서 거의 생산되지 않는 철광석은 물론, 망간망·코발트·전기동·형석·알루미늄·석면·운모·마그네슘·면화·양모·시멘트·카바이트·공업염·석탄·고무·소다·곡물 등 수십 종에 달했다.

물자공출(조선)에 관한 일본당국의 정책과 내용을 보면 다음과 같다.

| 근거 | 내용 |
|---|---|
| 국가총동원법(1938.4.공포) 총동원물자 법조문 | ① 군용물자(병기, 함정, 탄약 기타)<br>② 피복·식량·음료·사료<br>③ 위생용물자(의료품, 의료기계기구 등)<br>④ 운수용 물자(선박, 항공기, 車輪 등)<br>⑤ 통신용 물자<br>⑥ 토목건축용 물자 등 조명용 물자<br>⑦ 연료 및 전력 |
| 제1차생산력확충계획<br>(1938~1941년) | 1. 조선의 광물자원(일본에서 거의 생산되지 않는 철광석과 특수광물 등의 군수자원)획득에 주목<br>- 조선총독부 식산국(광산과, 수산과, 상공과), 농림국(농무과, 축산과, 임업과)에서 담당<br>2. 조선의 생산력확충계획의 주된 산업은 경금속, 비철금속 등의 금속공업과 철강이라 분류된 광공업, 석탄, 철도차량, 전력, 석유 및 대용품산업 |
| 제2차생산력확충계획<br>(1942~1943년) | 1. 1941년 7월 이후 선박부족으로 인한 선박수송력이 물자동원계획의 큰 틀을 결정했고, 배선(配船)계획화도 동시에 검토되기 시작했으나 1942.10 물동계획 실행이 선박부족으로 차질을 빚자 육상수송에 주력하여 대륙물자의 중계수송, 조선철도를 이용한 육송 등으로 계획을 수정<br>2. 조선은 생산확충 품목의 22%를 담당 |
| 제3차생산력확충계획<br>(1944~1945)<br>생산책임제요강<br>(1944.3.310 | 1. 조선의 생산력확충계획은 1943년 90%달성, 1944년 상반기 109%의 성과를 올림<br>- 1944.4.부터 실시된 군수생산책임제(300사 내외로 추정, 일본 1943.12.실시)와 중요광물 중점증산정책, 군수회사법 시행(조선에서는 1944.10 시행)의 결과 전매분야(소금,간수,연초,아편,인삼) |

이와 같이 다양한 물품을 생산, 수송하기 위해 당국은 조선에 7천여 개가 넘는 강제노동 작업장을 운영했다.

여러 품목 가운데 쌀의 공출 실태를 살펴보자. 조선총독부는 매년 조선 전체에서 생산되는 쌀의 약 50~60%를 공출하도록 할당했다. 그러나 해가 거듭할수록 실제 공출 실적은 목표량을 상회했다. 1,871만 9,000석을 생산한 1943년의 할당량은 1195만 6,000석이었으나 실제 공출 실적은 1,195만 7,000석으로 할당량보다 많았다. 그런데 당시 조선에서는 큰 가뭄이 계속되어 할당량을 맞추기가 더욱 힘들었다. 1939년에 있었던 가뭄의 타격은 매우 오래갔다. 1942년에 가뭄이 다시 들었고, 1943년에는 수해가 났다. 가뭄과 수해가 계속되면 당연히 생산량이 격감할 수밖에 없다. 그럼에도 오히려 할당량보다 공출량이 높은 기현상이 일어난다. 일본 본국에서 조선에 식량 공출을 강요했기 때문이다.

이런 상황에서 조선총독부로서는 아무리 노무공출이 시급하다 해도 식량공출을 방기할 수 없었으므로 식량생산을 위한 필수 인력을 투입하는 방법을 병행해야 했다. 이 방법이 1944년에 들어서는 '농업요원제도'나 '농업생산책임제' 등 적극적인 정책으로 나타났다. 이 제도는 땅을 가진 지주들이 일정하게 농업 종사자를 확보해 책임을 지고 식량을 생산해서 공출하는 방식이다.

농업요원제도는 「농업요원설치요강(1944.9)」에 의거한 제도로, 식량 증산을 위한 농업 요원은 노무 동원 송출 대상자(징용)에서 제외하고 농업에 종사하게 했다. 농업생산책임제는 지주의 경제력을 활용하는 방안으로 1944년부터 시행되었다. 농지 소유자인 지주를 생산 책임자로 하고 경작자 역시 마을 단위로 연대책임을 지게 하여 생산 책임 수량 달성을 마을 전체가 공동으로 지게 하는 제도였다. 이런 시스템에서는 물자공출과 연계한 인력공출 대상자가 선정되어야 했고, 그 대상자는 식량생산의 필수인력에 포함되지 않는 사람들이었다. 소유한, 또는 경작할 토지가 없는 농민들이었다.

말년에는 숫자가 모자라니까 할 수 없이 그냥. 그 전에는 장정은 다 제외했거든. 흥덕흥덕하는 건달만 뽑아갔어요. 아주 독농篤農하는 사람들은 나뒀어요. (징용은) 안 된다. (농사를)착실히 해라 말이여. (김영한 구술, 국사편찬위원회, 『구술사료선집 - 지방을 살다』, 2006, 102쪽)

임의로 그럼. 그런 것은 그때 무조건 반장은 안 가. 농업요원이라 해 갖고. 농원요원은 징용도 안 가고. 농업요원 증명이 있어.(박호배 구술, 국사편찬위원회, 『구술사료선집 - 지방을 살다』, 2006, 280쪽)[2]

공출품 가운데에서 쌀과 버금갈 정도로 중요한 품목은 금을 비롯한 광물이다. 텅스텐과 명반석明礬石, 형석螢石 등 특수·희귀광물은 일본에서 구하기 어려운 광물이자 군수물자 생산에 필수적인 물품이었다.

전남 목포에서 가까운 해남군 옥매산 산록에서 유망有望한 명반광明礬鑛을 효고현(兵庫縣) 시카마정(飾磨町) 시카마(飾磨)화학공업주식회사

---

2) 정혜경, 『일본제국과 조선인 노무자 공출』, 선인출판사, 2011, 32쪽

에서 발견하고 명반광을 채굴하여 '알루미늄'을 제조하기로 되었다.

알루미늄은 군사 상 절대 필요한 것이나 일본 어디에서도 생산되지 않는 것으로, 국제무역이 그치게 되는 경우에는 구할 길이 없어지게 되므로 지금까지 그 발견을 위해 노력하던 중 우연히 목포 부근에서 발견하게 된 것이다.

해남 옥매산에 매장된 명반은 2천만 톤 이상에 달하는데, 명반 13톤에서 알루미늄 1톤이 제조되며 일본에서 매년 사용되는 소비량은 1만 톤이므로 일본 소비량을 표준으로 하여 채광하면 150년을 지속할 수 있는 보고寶庫라고 할 수 있어 매우 기뻐하고 있다. [3]

위 기사는 알루미늄의 원료로 사용되는 명반석明礬石 채굴에 주력하던 일본이 전남 해남에서 대규모 명반석 광산을 발견하고 보인 반응을 잘 보여주는 자료이다. 알루미늄은 주로 군수품이나 특수기계의 재료로 사용되었다. 1920년대 이후 전선이나 고압 케이블, 엔진 부품, 야전 식기, 자동차나 비행기의 몸체뿐 아니라 기타 군수품 대부분이 알루미늄으로 제작되었다. 그 밖에도 탄약 제조는 물론이고 전기산업에서 매우 중요한 구리를 대체할 전략물자 기대를 모으고 있었으며, 제2차 세계대전 당시 알루미늄은 전투기와 폭탄을 만드는데 가장 필요한 금속이었다. 폭탄과 적의 레이더망을 교란하기 위해 비행기에서 대량 뿌려진 전파방해용 쇳조각 제작에도 알루미늄이 들어갔다. 알루미늄의 대부분은 보크사이트(bauxite)를 원광으로 하여 추출되는데, 일본과 조선에서는 보크사이트가 산출되지 않

---

3) 『동아일보』 1932년 9월 22일자 「해남 옥매산에 명반광(明礬鑛) 발견 – 매장량은 약 2천만 톤, 군사상 절대 필수품」

기 때문에 일본은 알루미늄의 원료로 사용되는 명반석에 주목하고 조선에서 이를 채굴하기 위해 많은 노력을 기울였다.[4]

이 외에 합금이나 특수강, 진공관 필라멘트용, 화학용 등에 필수적인 텅스텐(중석, 몰디브덴)도 일본이 탐내는 특수 광물의 하나였다. 이러한 광물 획득을 위해 당국은 일제말기 한반도 전역에 5,412개소의 광산을 운영하고, 채굴한 광물을 공출했다.

## 3. 떠나가는 조선인들

조선인들은 어떻게 동원되었을까? 노무자인가, 군인 또는 군무원인가에 따라 다르다.

### 1) 노무자

먼저 일본 기업이 다음 해 필요한 인원수를 일본 후생성에 신청한다. 그러면 후생성은 인원을 할당하고 고용 허가를 내준다. 허가를 받은 기업은 다시 조선총독부에 모집 허가를 신청한다. 그러면 조선총독부는 신청을 받아 인원 조정을 한 후, 기업담당자와 함께 지정된 지역에서 할당된 인원수를 모집하고 집단적으로 배에 태워 보낸다. 이 과정은 물건처럼 송출送出이라 표현했다.

해당 기업은 송출의 대가로 머리수당 일정액을 조선총독부 당국에 지불하고, 모집과정에 관여한 관리들에게 매우 성대한 향

---
4) 국무총리 소속 대일항쟁기강제동원피해조사 및 국외강제동원희생자 등 지원위원회, 『전라남도 해남 옥매광산 노무자들의 강제동원 및 피해실태 기초조사(작성자 우영송)』, 2012, 9~10쪽

응을 베풀었다. 이 모든 내용은 일본기업이 작성한 자료에 고스란히 남아서 현재 연구자들에게도 공개되고 있다. 그렇다면 기업은 노무자를 데려가는데 비용이 적지 않게 들 터이니, 행여 손해를 보는 것이 아닌가. 아니다. 손해 볼 일은 없었다. 기업이 생산한 물품에 대해서는 당국이 공짜로 가져간 것이 아니라 오히려 높은 가격으로 보전해주었고, 임금 통제 조치를 취했으며 기업에게 강제노동의 권한까지 일임했기 때문이다. 미쓰비시(三菱)나 미쓰이(三井) 등 대기업이 전시기를 통해 재벌로 성장할 수 있었던 이유이기도 하다.

사람을 모집하고 기차에 태워 부산까지 수송하고, 마지막으로 관부연락선(부산과 일본의 시모노세키 사이를 연결하던 일본의 연락선)에 태우는 모든 과정은 조선총독부가 담당했다. 이 과정에 중앙 행정 부서는 물론이고 경찰이나 군청 직원, 면 직원, 철도청 직원, 소방서원 등 모든 공권력이 동원되었다.

조선총독부에서 지역을 지정할 때 가장 먼저 고려한 사항은 가뭄이나 홍수 등 천재지변으로 큰 피해를 입은 지역이다. 원래 자연재해로 피해를 입은 지역에서 이재민이 발생하면 정부가 나서서 이들을 구호해야 한다. 그러나 조선총독부는 구호를 할 만한 의지도, 능력도 없었으므로 이재민들을 한반도 밖으로 내보내는 편을 택했다. 이재민들도 당장 먹고살 길이 막막하니 도리 없이 모집에 응할 수 밖에 없었다.

구체적인 동원 과정을 보면 다음과 같다.

● 1단계, 노동력 조사 및 등록 단계 : 조선총독부, 노동력 조사 및 등록 실시. 그 결과를 매년 노무 동원 계획에 반영
● 2단계, 요청 단계 : 사업주와 신청 수를 결정하여 부, 현 장관을 통해 모집 신청 → 후생성이 사정査定하여 조선총독부에 요청 → 조선총독부, 문서 접수
※ 남양청 : 관할 기업의 신청수를 수합하여 조선총독부에 모집 요청 → 조선총독부, 문서 접수
● 3단계, 노무자 동원 단계 : 조선총독부, 해당 도에 업무 하달 → 도 및 부, 군, 도島를 거쳐 읍과 면의 담당자(서기, 구장, 경찰서 및 주재소, 읍 및 면의 유력자), 관련 단체(총력연맹, 직업소개소, 조선노무협회, 조선토목건축협회)에 하달 → 각 읍 및 면에서 노무자 선정 업무 수행[송출 수속 완료] → 부, 군, 도島 및 도를 거쳐 노동자 선정 결과를 조선총독부에 상신 → 각 읍 및 면, 수송 일정에 따라 송출 준비 완료
※ 송출에 필요한 수속 : 면의 담당자가 전담. 호적등본을 통해 인적사항을 확인하고 공출자 명단을 작성해 조선총독부에 상신한 후 결과(송출 허가)를 통보받는 모든 수속 과정이 해당
● 4단계, 수송 단계 : 조선총독부, 수송 업무 주관 → 수송 관련 부서, 조선노무협회가 수송 담당. 수송 업무 수행 이후 조선총독부에 보고 → 조선총독부, 송출 해당 지역의 관련자(사업주, 부 및 현의 장관, 후생성)에게 통보 → 현지, 조선인 노동자 인계

여기에 소요되는 모든 비용은 노무자들에게 빚으로 얹었다. 기

찻삯, 뱃삯, 배 안에서 먹는 밥값, 이들에게 지급된 국민복과 신발 값 등등. 이처럼 노무자들은 자신도 모르는 빚을 짊어진 채 고향을 떠났다. '선대금先貸金'이라는 이름이다. 작업장에 도착해서도 신발, 곡괭이, 이불, 일본 버선, 숙소 전등, 숙박비, 식비, 탄광용 랜턴대여료 등에 모두 사용료가 계산되고 있었다. 이 빚은 1년 이상 일을 해야 갚아 나갈 수 있을 정도였다. 물론 당사자들은 그런 것도 몰랐다. 인신매매와 다를 바 없는 신세였다.

이 모든 과정은 도착하는 지역에 무관하게 동일했다. 절차에서 약간의 차이는 발생했으나 일본이든, 남양군도[태평양 지역]이든 화태[남사할린]이든 동일한 방법으로 떠났다. 일반적으로 송출에 필요한 수속에 수개월이 소요되었으나 시급한 경우에 기간을 단축하기도 했다. 특정한 기관에서 요청한 경우가 해당된다.

그림1. 동원대상자들에게 노역에 적합 여부를 가리기 위해 신체검사를 하는 모습.(하야시 에이다이(林えいだい), 『사라진 조선인 강제연행의 기록(消された朝鮮人強制連行の記録)』, 明石書店, 1989 수록)

1941년 스미토모(住友) 고노마이(鴻之舞)광산이 노무자모집에 소요된 기간은 10.12(충남 도청에서 모집 개시)~12.21(홋카이도 광산에 도착 완료)로 만 2개월이 넘게 소요되었다. 그에 비해 1939년에 남양청의 의뢰로 사이판과 팔라우로 떠난 조선인들은 15일밖에 걸리지 않았고, 심지어 1939.1. 팔라우로 향한 거창 출신 노무자 108명의 송출소요기간은 단 3일이었다. 더구나 이들은 가족 동반자였으므로 수속 절차가 복잡했으나 초스피드로 송출했다.[5]

일본당국이 실시한 정책 가운데 하나는 당시 조선의 민중이 자신들이 동원된다는 점을 모르는 가운데 떠나게 하는 것이었다. 그 방법 가운데 가장 손쉬운 것이 도항증(도항승락증명서)을 쥐어주는 것이었다. 도항증이란 부산이든 여수든 제주도든 일본으로 가는 연락선을 탈 수 있는 증명서인데, 당시 그것을 얻기란 쉽지 않았다.

1919년 4월 조선총독부가 발포한 「조선인 여행 단속에 관한 건」을 시작으로 1934년 10월 30일 각의(閣議, 국무회의) 결정 「조선인 이주 대책의 건」과 그 실천 항목인 「조선인 이주 대책 요목」 발표까지 일본당국의 도일 정책은 제한과 일시 허용의 연속이었다. 일본 내부의 필요에 따라 조건을 만들어놓고 문을 조금 열었다가 이내 닫아버리는 식이었다.

이런 조건이라도 맞추려면 난관이 여럿 있었다. 30~60원[당시 일반노동자의 1~2개월 월급에 해당]이라는 지참금도 준비해야 했고, 경찰 주

---

5) 정혜경, 「일제말기 '남양군도'의 조선인 노동자」, 『한국민족운동사연구』44, 2005, 189쪽; 정혜경, 「스미토모(住友) 고노마이(鴻之舞)광산 발신전보를 통해 살펴본 조선인 노무동원 실태」, 『강제동원을 말한다 - 명부편(1)』, 선인출판사, 2011, 302~304쪽

재소의 소개장도 필요했다. 조선총독부는 조건을 갖춘 이들 중 취직이 확실히 보장된 조선인에 대해서만 도항증을 교부했다. 물론 이런 조건을 갖출 수 있는 사람들은 극소수였다. 그야말로 보통의 경제력으로는 엄두도 못 낼 일이었다. 그러므로 밀항이 성행했고, 그 과정에서 조난 사고도 빈번했다.

그러다가 1938년 3월 조선총독 미나미 지로(南次郎)가 일본 내무대신 앞으로 보낸 「조선인의 내지 도항 제한에 관한 건」과 같은 해 7월 일본 내무성과 조선총독부가 맺은 '내선협정(內鮮協定)', 1939년 7월 28일 내무·후생 차관 명의의 통첩 「조선인 노동자 내지 이주에 관한 건」이 하달되면서 조선인의 도항 기회가 열렸다. 물론 탄광 등 특수한 직종을 제외하고는 가족들 동반 승선을 엄격히 금지했다. 이 통첩이 내려진 배경은 1939년 7월 각의에서 결정한 제1차 노무동원계획에 조선인 8만 5000명 할당 계획이 포함되어 있었기 때문이었다. 그 결과 수십 년 동안 규제에 묶였던 조선인의 도항은 자유 도일이 아니라 노무자로서 할당 모집이라는 방식에 의지해 가능하게 되었다.

이러한 일본의 도항 정책으로 인한 할당 모집은 일자리를 구하려는 조선인이 도항 허가를 얻을 수 있는 드문 기회였다. 그러므로 할당 모집의 대상자가 된 조선인들 가운데 일부는 모집을 도항증 획득 기회로 생각하고, 일단 도항을 해서 일본에 도착한 후 탈출 등의 방법으로 후일을 도모하고자 했다. 이와 같이 조선인이 '모집'에 응해야만 도항할 수 있도록 만든 구조가 대표적인 국가 권력에 의한 통제, '강제'임은 물론이다.

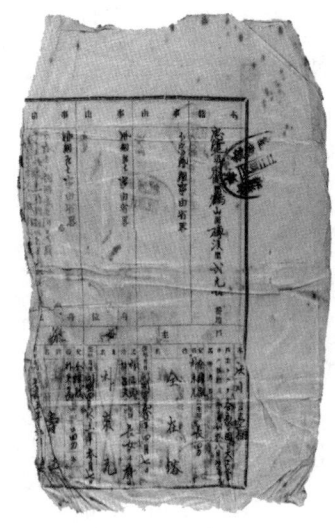

그림2. 경찰서가 발행한 도항증명서. 호적등본에 도장을 찍어 발급 (在日韓人歷史資料館, 『在日韓人歷史資料館圖錄』, 2008, 10쪽)

초기에는 좋은 직장으로 데려가는 줄 알고 순순히 따라간 사람들이 많았다. 그런데 막상 작업장에 도착해보니 상황이 좋지 않았다. 그래서 현장에서 탈주하는 사람들이 늘었다. 고향에 보낸 편지 등을 통해 이런 소문이 퍼지기도 하니 아예 송출 과정에서 탈출하는 경우도 많이 생겼다. 특히 홋카이도로 떠나는 이들은 '그곳에 가면 땅굴에서 짐승처럼 고생한다'는 인식이 퍼져 탈출 비율이 높았다.

회사에서 파견한 모집책들은 연일 회사에 "'북해도'라고 들으면 뒤로 물러나기 때문에 예정 인원을 채우기 곤란하다"는 애로사항을 보고하기도 했다.[6] 홋카이도탄광기선주식회사가 생산한 자료 [『釜山往復』, 0176, 0276, 0443~0515쪽]에 의하면, 1944년 3~9월간

---

6) 金贊汀, 『證言 朝鮮人强制連行』, 新人物往來社, 1975, 18~19쪽

탄광기선주식회사 소속 광업소로 연행되던 조선인 가운데 24%가 탈출했다. 가장 많은 탈출 과정은 조선 현지에서 수송되기 직전에 탈출하거나 수송과정[철도역이나 항구]에서 탈출하는 경우가 가장 많다.

물론 이러한 상황에 대해 일본당국도 가만히 있지 않았다. 조선총독부는 1942년 동원 과정부터 강화했다. '할당모집' 단계에서는 각 도에 할당 통지를 내려 보내면, 군청과 직업소개소가 면으로 인원수를 할당해서 내려 보낸다. 그러면 면이 책임을 지고 인원을 채워야 하는데, 간신히 채운 인원이 도중에 탈출을 하면안되므로 동원된 인원 중에서 조장, 반장, 대장을 임명해 통제하게 했다. 군대식으로 관리한 것이다. 그리고 조선노무협회라는 조선총독부의 외곽 단체가 철도청과 내무국의 협력을 받아 직접 수송을 담당했다. 관알선官斡旋 단계이다.

그림3. 항구에서 승선하기 직전에 송출을 기다리며 설명을 듣는 조선인들(하야시 에이다이(林えいだい), 『사라진 조선인 강제연행의 기록(消された朝鮮人強制連行の記錄)』, 明石書店, 1989 수록)

그럼에도 탈출은 늘어났다. 일본 내무성의 조사에 의하면, 1939년부터 1942년까지 일본에 강제로 끌려간 조선인 가운데 25만 7,907명이 탈주를 시도했다. 연도별 탈출 비율을 보면, 1939년의 2.2%에서 1940년에는 18.7%, 1941년에 34.1%, 1942년에 38.3%, 1943년에는 39.9%에 달한다.[7] 시기가 지나면서 당국은 송출과정에서 통제를 강화했는데 오히려 탈출 비율은 더 높아졌다. 그 이유는 강제노동 현장에서 발생하는 사망과 부상, 가혹한 노동 등의 문제점이 계속 늘어났고, 강제노동의 실태가 조선 사회에 널리 알려졌기 때문이다. 그간 강제동원한 노무자 관리와 책임을 기업과 나누었지만 이제는 정부가 직접 책임지지 않으면 안 되는 상황이 되었다. 국민징용제도였다.

1943년 말 국민징용령이 개정되면서 1944년 2월부터 대규모 조선인들은 국민징용에 해당되었다. 국민징용이란 일본 정부가 징용 영장을 발령하여 동원하는 형태다. 자발적으로 응하지 않았는데도 '응징사應徵士'라 부르고, 노무자를 군인과 동일한 의무를 지닌 것으로 규정했다.

---

7) 內務省 警保局, 「特高月報」 및 內務省 警保局, 「社會運動狀況」, 해당연도

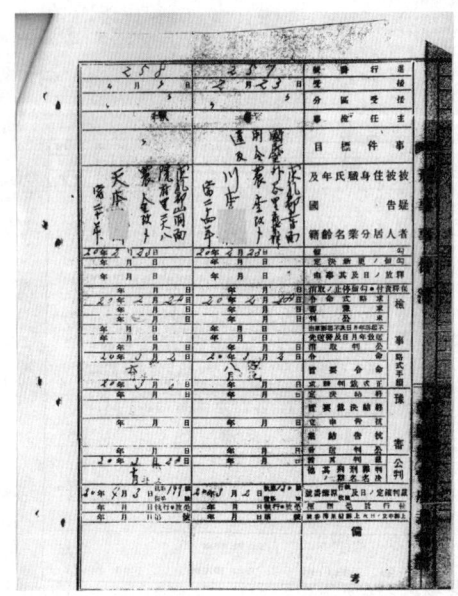

그림4. 국민징용령위반이라는 죄명이 명시된 1945년 2월 23일자 형사사건부(순천지방검찰청 순천지청 발부) 대일항쟁기 강제동원피해조사 및 국외강제동원희생자등 지원위원회 소장 자료

동원에 응하지 않으면 국민징용령 위반으로 검거되어 감옥살이를 하거나 형무소가 지정하는 작업장에 가서 일해야 했다. 의무로 하는 것이니 임금이나 노동자의 권리 같은 것이 적용되지 않았다. 노무자에 대한 고용 계약도 정부와 노무자가 했다. 현재 국가기록원이나 국가보훈처에는 국민징용령 위반으로 감옥살이를 하거나 감옥에서 사망한 기록이 있는데, 모두 1,072건이다. 국가보훈처나 국가기록원으로 이관되지 않고 면사무소 등에 남아 있는 자료를 추가한다면, 그 수는 더 많아질 것이다.

동원 체제가 강화되면서 송출 인원수도 늘었다. 중간에 탈출하거나 거부하는 것 자체가 어려우니 송출자 인원수는 늘어났다. 일본으로 간 인원수만 보면, 1943년에 13만 명 정도였으나 1944년에는 29만 명으로 두 배가 넘었다. 같은 시기, 한반도 내에서 동원한 수는 세 배가 넘었다.

노무자를 동원하는 경로는 정부 책임 정도에 따라 할당모집과 국민징용, 관알선 등 세 가지로 구분된다.

< 공통사항 : 조선인을 고용하고자 하는 고용주(일본 기업)가 신청한 인원수를 일본정부가 조정해 배당하고, 조선총독부와 조정하여 확정 >
- 할당 모집 : 1938년 5월 ~ 1945년 4월까지
  - 조선총독부가 노무자의 모집지역과 인원을 결정해 인허한 후 노무자를 송출하는 방식
  - 지역과 지역별 동원인원을 할당
  - 수송책임 : 행정기관, 기업
- 국민징용 : 1939년 10월 ~ 1945년 4월까지
  - 일본정부가 국민징용령 및 국민직업능력신고령에 의거하여 등록한 자 중에서 선정하여 징용영장을 발령·교부하여 송출하는 방식
  - 일본정부의 직접 관리체제
  - 초기에는 기술직 중심 → 1944년(3차 개정) 이후 일반 노무자로 확대
  - 수송책임 : 행정기관

● 관알선 : 1942년 2월~1945년 4월까지
  - 조선총독부가 작성·결정한 '조선인내지이입알선요강'에 의해 실시된 동원
  - 조선인을 고용하고자 하는 사업자 혹은 대행단체가 신청을 하면 조선총독부가 모집지역, 인원을 허가·결정하고 조선총독부 및 지방행정기관과 경찰관헌, 조선노무협회, 직업소개소 등이 협력하여 노무자를 선정하여 송출하는 방식
  - 지역과 지역별 동원인원을 할당
  - 수송단계에서 반을 구성하여 통제를 강화
  - 수송책임 : 행정기관, 기업, 조선노무협회

세 가지 동원방식은 모두 공권력에 의해 이루어졌다. 일본과 마찬가지로 조선에서도 업무를 담당하는 행정부서가 있었다. 노무 동원에 관한 부서를 살펴보면, 중앙 조직과 지방 조직으로 나눌 수 있다.

중앙 조직은 조선총독부 소속 부서 가운데 노무 동원 전반에 관한 업무를 직접 전담한 부서와 그 외 관련 부서가 해당한다. 노무 동원을 포함한 총동원 계획의 수립 및 총동원 운동 업무를 담당한 부서, 노동자 단속 업무 담당 부서, 국민 연성 및 근로 교육 업무 담당 부서, 원호 관련 업무 담당 부서 등이다. 이 가운데 직접 노무 동원 송출 관련 업무를 전담한 중앙 행정기구는 1939년 2월 내무국 사회과 노무계라는 이름으로 시작하는 부서다. 중앙 행정기구의 변천 내용을 정리해보면 다음과 같다.[8]

---
8) 정혜경, 『일본제국과 조선인 노무자 공출』, 선인출판사, 2011, 109쪽

내무국 사회과 노무계(1939년 2월) → 내무국 노무과(1941년 3월) → 후생국 노무과(1941년 11월) → 사정국 노무과(1942년 11월) → 광공국 노무과(1943년 12월) → 광공국 근로조정과, 광공국 근로동원과, 광공국 근로지도과, 근로동원본부(1944년 10월) → 광공국 근로부 조정과, 광공국 근로부 동원과, 광공국 근로부 지도과(1945년 1월) → 광공국 동원과, 광공국 근로부 근로제1과, 광공국 근로부 근로제2과(1945년 4월)

지방 조직을 보면 도 단위에서는 지사관방, 내무부, 광공부가 담당했고, 그 이하의 행정 조직인 부와 군, 도島의 노무 관련 업무는 서무과와 내무과 그리고 서무계와 내무계가 각각 담당했다. 읍과 면에서는 노무계, 병사계, 권업계, 서무계, 사회계 등 지역의 사정에 따라 소속 부서가 달랐다.

<표 2> 노무동원 송출 단계별 담당 부서의 역할[9]

| 업무 내용 | 업무 주체(담당 부서) | 참고 |
|---|---|---|
| 노동력 조사(노무수급조사) 및 등록(국민등록제) | 내무국 사회과 노무계(1939) → 노무과(1941) → 후생국 노무과(1941) → 사정국 노무과(1942) → 광공국 노무과(1943) → 광공국 근로조정과(1944) → 광공국 근로부 조정과 → 광공국 근로부 근로제1과(1945) | ○ 노무자원조사 관련 각종 지침에 의해 조사를 실시하고, 노무수급조사의 결과를 매년 노무동원 계획에 반영<br>○ 노무수급조사(노동가능자 조사)의 결과를 각 도·부·읍·면에 배포하여 노동력 배급을 조정하도록 조치 |

---

9) 정혜경, 『일본제국과 조선인 노무자 공출』, 선인출판사, 2011, 136~137쪽

| | | |
|---|---|---|
| 문서과로부터 인력 요청<br>관련 문서 접수 →<br>해당 도에 하달 | 내무국 사회과 노무계(1939)<br>→ 노무과(1941) → 후생국<br>노무과(1941) → 사정국 노무과(1942) → 광공국 노무과(1943) → 광공국 근로동원과 /근로동원본부 총무부 동원반(1944) → 광공국 근로부 동원과(~1945.4.16) | |
| 문서담당 부서로부터 관련 문서 접수 →<br>각 읍면에 하달. 지역별 할당 | 각도 내무부, 부의 내무과, 군(도)의 내무계, 직업소개소<br>(~1943.12월) | ○ 할당 모집 단계 : 기업 모집원의 지방 활동<br>○ 관알선 단계 : 직업소개소(~1943.12월) |
| 문서담당 부서로부터 관련 문서 접수 → 지역 할당에 따른 인력동원 업무 수행(총력연맹, 주재소, 소방서, 직업개소와 합동) → 확보인원에 대한 상부 보고(군과 부, 도의 순서) 및 행정 절차 수행 | 읍과 면의 담당 계(서기)<br>구장(이장, 국민총력연맹 이사장 겸직), 조선노무협회, 직업소개소 | ○ 할당 모집 단계 : 기업 모집원의 관여<br>○ 관알선 단계 : 조선 노무협회, 직업소개소(~1943.12월)가 노무자 선정 및 동원에 관여 |
| 읍과 면에서 상신한 내용을 취합하여 총독부에 보고 → 수송 일정에 따라 송출 | 각도 내무부, 부의 내무과, 군(도)의 내무계 | ○ 관알선 단계 : 조선노무협회 담당 |
| 문서 접수 → 수송 관련 부서(철도국 영업과, 부산·여수도항보호사무소)에 협조 요청 → 후생성 및 일본 관련 부서에 보고(통보) | 내무국 사회과 노무계(1939)<br>→ 노무과(1941) → 후생국 노무과(1941) → 사정국 노무과(1942) → 광공국 노무과(1943) → 근로동원본부 총무부 동원반·광공국 근로동원과(1944) → 광공국 근로부 동원과(~1945.4.16) | ○ 관알선 단계 : 조선노무협회 담당 |

| | | |
|---|---|---|
| 수송 업무 수행 → 총독부에 보고 | 내무국 사회과 노무계(1939) → 노무과(1941) → 후생국 노무과(1941) → 사정국 노무과(1942) → 광공국 노무과(1943) → 근로동원본부 총무부 동원반·광공국 근로동원과(1944) → 광공국 근로부 동원과(~1945.4.16), 철도국 영업과, 부산·여수도항보호사무소(부산해항보호사무소), 관련 여행사 | ○ 할당 모집 단계 : 지역 단위의 집결장소(읍면)에서 일본인 인도자가 인계. 승선항(부산·여수·원산)까지 지역 부군도 읍면청의 관계자 및 경찰관이 동행.<br><br>○ 관알선 단계 : 府郡島 까지 조선측(군청의 담당자)이 인솔. 그 이후는 기업 '連送人'이 담당. 조선 노무협회, 통제 단체 및 동아여행사 개입.<br><br>- 동아여행사의 업무 : 동아여행사가 노무담당부서와 '단체수송신고서(단체명, 출발월일, 발착역, 인원, 숙박, 식사 등 기재)'를 작성하여 철도국에 송달 → '단체수송계획표'를 작성해서 각 회사 노무보도원에게 송부 → 출발 당일 까지 인솔자와 연락을 취하고 사업장·인솔자명을 기입한 단체승차권(목적지 까지 사용 가능)을 발행<br><br>○ 국민징용단계 : 항구까지만 조선측(군청의 담당자)이 인솔. 그 이후는 기업 '연송인(連送人)'이 담당 |
| 현지 도착 | 시모노세키 도항자 보호알선소(일본) | ○ 목적지 상륙 후에 각 기업의 직원이 동행. 작업장 까지 경찰·열차차장, 관계기관 임원이 동행 |

이와 같이 중앙의 국 단위에서 지방의 말단 읍과 면 단위까지 담당 직원이 배치되어 동원 업무를 수행했다. 여기에 경찰과 철도청 등 관련 부서와 여행사 등이 협력하여 업무가 이루어졌다. 당시 조선총독부는 식민지 조선의 실질적인 지배 권력이었고, 법령으로 정해진 조선총독부의 부서에서 인력동원 업무를 직접 담당했으므로 공권력이

개입된 국가 권력 차원의 업무였다.

철사 줄로 꽁꽁 묶어서 끌고 가지 않아도 조선의 민중이 겪은 일은 강제 동원이었다. 그런데도 일본당국은 '모집'이나 '지원'이라는 말을 사용하며 조선인들을 속여야했다. 조선총독부의 정책이 지방 하부 단위까지 일사불란하게 미치지 못했기 때문이다.

조선총독부 정책이 일사불란하지 못했던 가장 큰 이유는 송출 업무를 담당할 인력의 부족이다. 시국 사무에 허덕이던 행정 담당자를 지원하기 위해 구장제도를 도입하고 애국반과 청년단 조직을 활용했으나 근본적인 해결 방안은 아니었다. 조선인의 해외 송출이 본격적으로 실시된 1939년에 조선의 읍·면 수는 2,350개소인데, 이곳에서 일하는 구성원은 읍·면장(2,350명), 부읍장(74명), 읍·면 기수(1,845명), 읍·면 서기(1만 7,103명), 구장(3만 1,696명) 등 총 5만 3,568명이다. 읍·면당 22명꼴인데, 이들이 100여 가지에 달하는 업무와 노동력 통제 및 확보, 송출 업무까지 담당했다. 그러니 역부족이었다. 노무 동원을 담당할 행정기구의 정비와 인력 확보가 충분하지 않은 상태에서 노무 동원 정책이 시행되었다.

두 번째는 등록 업무와 기류제도寄留制度의 미비다. 동원을 위해 필요한 것은 동원대상자의 관리이다. 이를 위해 면리 단위의 하급관리와 관변단체를 동원했으나 시스템은 일본이 패전하기 까지 완비되지 못했다. 해외 송출이 시작될 당시 조선에서는 국민등록제도가 실시되지 못해 직업소개소를 활용해야 했으나 '할당 모집'에 필수 기관인

직업소개소의 설치와 사무 절차 운영조차도 원활하지 못했다. 국가총동원법과 국민징용령에 근거한 국민직업능력신고령이 1939년 6월에 시행되었으나 이는 특정한 기술 노동자를 확보하기 위한 제도였으므로 전 조선인을 대상으로 한 국민등록제도는 아니었다.

기류제도란 현재의 주민등록제도와 비슷한 것으로, 본적을 떠나 거주하는 자 또는 본적이 없거나 불분명한 자의 거주와 신분 관계를 공부公簿에 기재하는 제도이다. 병역, 납세, 선거, 기타 행정 목적을 위해 일정한 행정구역 내 조선인의 인구 동태를 밝히고자 마련한 것이다. 조선총독부는 1942년 10월 15일에 조선기류령을 시행하였으나 기류령의 모태가 되는 호적이 제대로 정비되지 않은 상태였다. 그 결과 무적자無籍者가 상당수에 달했고, 결국 일본이 패망할 때까지 기류제도는 제대로 운영되지 못했다. 기류제도가 갖추어지지 못했으므로 이동 인구를 파악할 수 없었다. 이러한 이유로 중앙 행정기관의 업무를 하달 받은 지방 행정기관에서 송출 대상자를 선정하는 작업은 체계적으로 이루어지지 못했다.

조선총독부의 총체적 시스템 부재를 보여주는 사례는 여기에 그치지 않았다. 조선총독부가 노무 수요를 원활히 해결하기 위해서는 매년 노동력 조사가 이루어져야 하고, 일본의 기획원은 여기에 근거하여 인원을 요청해야 했다. 그런데 실상은 그렇지 못했다. 실제로 송출 업무를 담당하는 행정 말단의 면 단위에 구체적인 송출 대상자의 명단이 하달되는 경우는 거의 없었다. 당시 면에서 업무를 담당한 경험자들의 구술에 따르면, 근로적격자명부의 번호가 하달되는 경우는 있었다. 그러나 그것도 대부분은 인원수만 할당될 뿐이었다.

구술자(박호배): 이것이 가령 해남군으로 배정이 오거든요. '몇백 명 해라' 하면 군郡에서 산이면 몇, 황산면 몇, 각 배정을 합니다. 군에는 노무계가 있어, 면面에도 노무계가 있어 그놈 배정하죠. 그 배정수는 기어이 채워야 써. 기어이 채울랑께.
면담자: 그 배정은 면장들이 모여서 회의해서 정합니까?
구술자: 아니, 군에서.
면담자: 군에서 일방적으로 내려 보내나요?
구술자: 그라죠. (국사편찬위원회, 『구술사료선집 3: 지방을 살다』, 2006, 255~256쪽)

그렇다면 할당된 인원수는 어떻게 채울 것인가? 구체적인 명단이 내려오는 것도 아니고, 인구 이동 상황을 정확히 파악할 수 있었던 것도 아니었다. 완력으로 끌고 갈 수 있을 정도로 헌병과 경찰이 충분하지도 않았다. 마쓰다 도시히코(松田利彦)의 연구에 의하면, 식민지 조선에서 가장 많은 경찰인력(경찰총장, 경무부장, 경무관, 경시, 경부, 경부보, 순사, 순사보)을 갖춘 시기는 1940년이었고, 경찰인력은 총 23,267명(조선인 순사 8,414명)이었다. 1944년에는 숫자가 도리어 18,292명(조선인 순사 8,541명)으로 줄었다. 경찰인력 가운데 가장 많은 수를 차지하는 순사의 주요 연도별 추이를 살펴보자.

〈표 3〉 순사의 연도별 추이   (단위:명)

| 연도 | 순사 | | 순사보 | | 경찰인력 총수 |
|---|---|---|---|---|---|
| | 일본인 | 조선인 | 일본인 | 조선인 | |
| 1910 | 2,053 | 8,160 | 0 | 3,131 | 5,694 |
| 1920 | 11,028 | 2,053 | | | 20,750 |
| 1925 | 10,131 | 7,057 | | | 18,458 |
| 1930 | 9,604 | 7,913 | | | 18,769 |
| 1935 | 10,411 | 8,011 | | | 19,724 |
| 1940 | 13,178 | 8,414 | | | 23,267 |
| 1941 | 12,138 | 7,799 | | | 21,519 |
| 1942 | 12,473 | 8,194 | | | 22,208 |
| 1943 | 13,307 | 7,758 | | | 22,728 |
| 1944 | 8,005 | 8,541 | | | 18,292 |

〈자료〉松田利彦, 『日本の朝鮮植民地支配と警察:1905~1945』, 校倉書房, 2009, 24~25쪽

완력을 갖춘 일본인 장정이 시급히 필요한 곳은 식민지 조선이 아니라 전선戰線이었다. 일본인 장정들은 우선적으로 전쟁터로 향해야 했으므로 조선에 충분한 인력을 배정할 수 없었다. 일본은 헌병이나 경찰의 힘만으로 식민지 조선의 모든 민중을 완전하게 통제할 수 없었다. 이런 상황에서 할당받은 인원수를 채우는 방법은 선전과 속임수였다.

이와 같이 경찰의 힘으로 식민지 조선을 완전하게 통제할 수 없었던 점은 당시 일본이 갖고 있는 근본적인 한계였지만, 일본만의 상황

은 아니었다. 독일도 마찬가지였다. 소수의 비밀경찰 게슈타포가 모든 독일 국민을 통제할 수 없었으므로 히틀러가 대중 연설로 선동을 했던 것이다. 그 외에도 히틀러는 안락한 휴가를 제공하는 등 노동자에게 많은 당근을 제시했다. 그래서 국민들은 처음에 히틀러 정책을 환영했다. 하루에 여덟 시간 노동 후 퇴근길 카페에서 맥주를 마시며 휴식을 취하고, 휴가철에는 정부가 마련한 휴가지에서 쉴 수 있었기 때문이다. 물론 그로 인해 생산성이 떨어져 패전했다는 연구도 있다.

일본당국도 경찰의 힘만으로는 통제를 할 수 없고, 피동원자들을 정부가 모두 책임질 상황이 되지 못했으니 '황국의 신민'이 해야 하는 의무라거나 전쟁에서 이기면 풍요로운 부가 뒤따를 것이라고 선전했다. 그리고 노동자들이 스스로 하는 일이 강제 노동인지 인식하지 못하게 했다. 이를 위해 국가가 직접 동원하는 강제 동원이지만 명칭은 '지원'이니 '모집'이니 하고 붙였다. '볼런티어volunteer'가 공식 명칭이다. 독일에서도 '의용'이나 '지원'이라는 용어를 사용했다. 이것이 바로 총동원 체제를 운영했던 나라에서 공통으로 운영했던 고도의 동원 전략이자 정부가 노동력의 처우를 전적으로 책임지지 않고 기업과 분담하는 방식이기도 하다. 일본당국이 조선인을 상대로 사용한 '할당모집'이나 '관알선'이 여기에 해당한다.

국민징용제도는 고도의 동원 전략이 바닥났을 때 최종적으로 하는 단계이자 가장 수준이 낮은 전략이다. 동원과정에서 들어가는 행정비용은 물론 원호제도를 통해 정부가 직접 노동력을 책임져야 하므로 정부의 입장에서는 가장 많은 비용이 수반되는 방식이기도 하다. 그러나 일본은 1944년 말부터 가장 수준 낮은 인간 사냥 방식을 사용하게 된다. 더 이상 민중은 '모집'이니 '지원'이니 하는 말에 속지 않고 징용을 회피하는데, 작업장에서는 인력이 부족하다고 아우성을 치니 할 수 없이 정부가 책임을 지는 국민징용제도를 전 국민을 상대로 실시하게 되었다.

## 2) 일본의 군복을 입고 황군皇軍이 되는 길

군인은 무기를 소지하므로 민간인인 노무자 송출과 달리 매우 민감하고 조심스러운 문제였다. 일본당국은 이 점에 대해 일찍부터 고민을 거듭했지만 일본 정부와 군부는 각기 의견을 달리했다.

먼저 당시 일본 정부는 전쟁이 일어나면 전쟁 인력이 필요하다는 예상을 했다. 만약 조선 청년을 동원하게 된다면 이에 대한 준비도 해두어야 했다. 게다가 조선인이 참전해서 일본인과 동등한 권리를 요구해야 한다는 조선인들의 움직임도 있었다. 현영섭이나 이광수 등 소위 친일파라 불리는 사람들이었다. 조선을 통치해야 하는 당국으로서는 이러한 요구에 대해 수수방관만 할 수는 없었다. 그래서 추진한 것이 황민화 교육의 강화이고, 교육제도의 개정이다. 언제든지 군인으로 끌고 갈 수 있도록 모든 조선 청년들에게 기본 교육을 시키는 것이 교육법 개정의 목적이다. 전쟁터에서 일본군에게 총구를 겨누지 않게 하려면 황민화 교육을 강화해서 조선인 스스로가 일본인으로 인식하도록 세뇌하는 것이다.

이에 대해 일본 군부의 입장은 달랐다. 물론 군부도 전쟁이 일어나면 전쟁 인력이 필요하다고 예상했다. 그러나 조선인 징병 문제는 민감해서 동의하기가 어려웠다. 만주사변을 일으킨 후 군부에서는 '조선인이 우리 등 뒤에서 총을 겨누게 하려는 것인가' 하고 반발하기도 했다. 군부 문서에 따르면, 조선인에게 교육을 해서 전쟁터에 끌고 갈 수 있을 정도의 '충량한 일본인'으로 만드는 데 걸리는 기간은 50년이라고 판단했다.

그러다가 중일전쟁이 일어나자 상황은 변한다. 전선이 확대되고 교착상태에 빠지자 병사가 필요했고, 식민지 청년들을 군인으로 동원하는 것이 불가피했다. 그렇다고 징병제도를 통해 대규모 인원을 동원하는 것은 여러 가지로 어려움이 있었다. 일단 권리를 요구하고 나올 염려가 있었다. 또한 조선의 행정 체계가 미비했다. 지금처럼 주민등록제도가 있었던 것도 아니고, 컴퓨터로 인적 사항이 관리되는 것도 아니었기 때문이다. 대규모 동원을 하기에는 보완해야 할 점이 많았다. 그래서 나온 방안이 지원병 제도이다.

지원병은 육군특별지원병·해군특별지원병과 학도지원병으로 대별된다.[10]

육해군특별지원병 제도의 연혁을 간략히 살펴보자.

---

10) 그 외 소년지원병 제도도 있었다.

| 구분 | 주요 연혁 |
|---|---|
| 육군특별<br>지원병 | - 1937.6. : 조선군사령부, '조선인 지원병 제도에 관한 의견' 제출. 내용은'조선인에게 황국의식을 확실히 갖게 하고 또한 장래의 병역문제해결을 위한 시험적인 제도로서 조선인 장정을 지원에 의해 현역에 복무시키는 제도 실시'제안<br>- 1938.2.22. : 육군특별지원병령(칙령 제95호) 공포. 4.3. 시행.<br>- 1938.3.30. : 육군특별지원병령 시행규칙 공포(육군성령 제11호)<br>- 제도 내용 : 보통학교 졸업(이와 동등 자격자) 이상 학력 소지자로서 17세 이상인 조선인 남자 가운데 지원에 의해 전형 후 육군 현역 또는 제1보충역으로 입영. 6개월 이상 지원병훈련소에서 예비교육을 마친 후 일본군대에 입대<br>- 1938.3.30. : 조선총독부육군지원병지원자훈련소 관제 제정(책령 제156호)<br>- 1938.6.15. : 임시훈련소 설치(경성제국대). 9.5. 이전(경기도 양주군 노해면 공덕리)<br>- 1938.4.10. : 1938년도 전기 지원병지원자 신청 접수 마감<br>- 1944.10.14. : 육군특별지원병령 개정. 병역에 복무하지 않는 자 가운데 지원자에 한해 전형 후 일본군대 입영하거나 17세 미만자로서 지원 후 제2국민역에 복무하게 하는 내용 |
| 해군특별<br>지원병 | - 1943.5.11. : 일본 각의, 조선에 해군특별지원병제 실시를 결정<br>- 1943.7.28. : 해군특별지원병령, 해군특별지원병령 시행규칙 제정. 8.1. 시행<br>- 응모 자격 : 16~21세 미만 초급학교 초등과 수료 이상<br>- 조선총독부 해군병 지원자 훈련소 과정(6개월)을 거친 후 입영<br>- 채용 병과 : 수병, 정비병, 기관병, 위생병, 주계병<br>- 1943.10.1. : 제1기 응모자, 해군지원병훈련소 입소(진해). 4.1. 해병단 입대<br>- 1944.5.9. : 해군지원령 중 개정안이 공포 시행. 해군병 징모제로 변경 |

지원병이라고 하면 그야말로 스스로 원한 것으로 생각하기 쉽다. 그러나 '모집'이나 '지원'의 형식을 취한 것일 뿐 실질적으로는 응모자의 자유의사가 반영될 수 있는 상황은 아니었다. 총동원체제 아래에서 식민지 조선의 민중들에게 무슨 선택지가 있겠는가.

당국은 각도별로 할당 인원을 책정하고, 경찰력을 동원해 선전과 회유, 종용활동에 적극 나섰다. 국민정신총동원연맹이나 국민정신총력연맹 등 관변단체도 행정기관의 지원을 받아 하부기관인 애국반을 동원해 군과 면을 통한 대대적인 모집에 나섰다. 이들이 지원을 독려한 대상은 주로 가정형편이 어렵다거나 주재소나 소방서에서 임시 직원으로 일하는 사람 등 거절하기 어려운 상황에 놓인 사람들이 많았다. '지원'을 앞세운 강압이나 회유책이 작용한 경우도 많았다. 지원병은 2년 기한이었으므로 돌아온 후 특혜를 준다거나 가족에 대한 '대우'도 좋은 미끼였다. 특히 가정형편이 어려운 이들에게 군인 봉급 자체는 큰 수입이었고, 제대 후에 일자리가 제공될 것이라는 기대는 아주 큰 유혹이었다.

육군특별지원병의 지원 및 입대현황을 보면, 지원병 제도의 성격을 짐작할 수 있다. 1938년부터 1943년간 지원자수는 802,047명인데, 훈련소 입소자는 17,664명에 불과하다. 이 가운데 입소자는 16,830명이다. 지원자의 2.2%만이 훈련소에 입소했고, 2.09%만이 입소했다. 이런 차이가 발생하게 된 이유에 대해 연구자들은 공통적으로 '성과 과시를 위한 관청의 지원 종용 및 강요, 자격 미달자 응모, 할당' 등을 들었다.[11]

이와 함께 사용한 방법이 프로파간다를 통한 선전효과였다. 대표적인 인물은 이인석[李仁錫, 1915~1938년]으로, 지원병 전사자 1호로 당시 각종 언론을 도배하다시피 하고 선전 영화에도 나와 조선팔도에 널리 알려진 주인공이다. 이인석은 충북 옥천 출신으로 옥

---
11) 표영수, 「일제강점기 조선인 지원병제도 연구」, 숭실대학교 대학원 사학과 박사학위논문, 2008, 52~53쪽

천농업실습학교를 졸업하고 1938년 육군병지원자훈련소를 수료한 후 보병 제79연대에 입영하여 다음 해 5월 중국 전선에 나갔다. 전선에 나선 지 얼마 되지 않은 6월 22일에 산시성(山西省) 전투에서 전사하여 조선인 지원병 최초의 전사자가 되었고, 1940년에 금치(金鵄) 훈장을 받았다. 성대한 장례식에는 조선총독부의 국장급 간부들이 참석하여 망자의 충성심을 기렸다.

그런데 문제는 이인석의 전사가 아니라 전사 당시의 정황이다. 1939년 10월 조선군사령부가 발표한 「육군특별지원병상황조서」를 보면 "부상한 이인석은 '아이고 아이고!' 비명을 지르면서 전투의 승패에는 전혀 안중에도 없을 정도로 심각한 지경에 처했음에도 함께 전사 직전에 이른 전우에게 '끝까지 싸워줘!' 하며 작은 소리로 '천황 폐하 만세'를 삼창하고 죽었다"라고 기록되어 있다. 그리고 신문 기사에는 이인석의 어머니가 의연하게 '명예로운 자식의 죽음'을 '천황을 위한 당연한 행위'로 받아들이고, 다른 장병들에게도 그러한 자세를 요구했다고 실려 있다.

그런데 생각해보면 상식적으로 이해되지 않는 점이 많다. 군대에 들어간 지 1개월 만에 사망에 이른 조선인 병사가 일본인 병사에게 유언으로 "끝까지 싸워줘!"라는 말을 남기고 "천황 폐하 만세"를 삼창했다니, 조선군사령부의 보고는 작위적인 냄새가 너무 강하게 난다. 이는 머리끝부터 발끝까지 일본 정신이 철철 넘치는 일본 청년도 하기 어려운 행위다. 20대 초반의 청년이 죽음에 임박해서 가장 자연스러운 말은 '어머니!'이다. 그런데 '끝까지 싸워줘'

나 '천황 폐하 만세'를 삼창했다는 대목은 누가 보더라도 웃을 수밖에 없는 이야기다.

더구나 이인석은 어려운 집안에서 생활했고 농업실습학교를 나왔다. 가족들이 사는 모양새나 여러 가지를 볼 때 경제적인 급부를 생각하고 지원병에 나갔음은 짐작하고도 남는다. 그리고 이인석의 고향인 충북은 당시 지사였던 김동훈金東勳이 조선 청년들에게 지원병 모집을 독려한 지역으로 유명하다. 당시 조선총독부 학무국장을 지낸 혼다 다케오(本多武夫)의 회고에 따르면, 김동훈 지사는 "지원병제도의 활용이랄까, 하여간 조선인 청년으로서 전문학교에 들어가 공부할 정도의 교양이라든가, 여러 가지 것을 할 수 있지 않을까 하는 것을 대대적으로 슬로건으로 내걸고" 있었다. 경제적인 점 외에도 지원병에 나가는 대가를 충분히 보장해주겠다는 의미다.

지원병을 독려한 조선인 인사들도 많았다. 이광수, 현영섭, 최남선, 윤치호 등 당시 사회 지도층 인사들 대부분이 지원병에 나가라는 강연을 하고 신문에 기고했다. 그들은 조선인이 전쟁에 참가하는 것이 권리 획득에 도움이 된다고 선전했다. 그 권리란 자치권이나 참정권 같은 것이었다. 조선인도 이미 세금을 내고 있으니, 이제 직접 전선에 나선다면 일본도 조선에 정치적 권리를 부여하지 않겠는가 하는 생각이었다. 당시 한반도에 사는 사람들은 조선인은 물론이고 일본인조차 제국의회 참정권이 없었다.

이러한 분위기 속에서 당시 조선총독부는 조선인을 전쟁에 동원하고 식량을 공출하기 위해서는 조선인에게 내줄 반대급부가 있어야 한다고 생각했다. 무력이나 행정력으로만 조선인을 통제할 수는 없기 때문이다. 이 같은 사실은 당시 조선총독부 정무총감[현재의 국무총리]을 지낸 다나카 다케오(田中武雄)와 사정국司正局 지방과장을 지낸 쓰쓰이 다케오(筒井竹雄)의 회고에서도 잘 알 수 있다.

다나카: 내 기억에 지원병제도로 나가기 훨씬 전부터 우리들 사상 방면에 종사하고 있었던 사람의 느낌은, 조선에 독립 민족운동을 하는 사람이 많이 있는 가운데 지금까지는 납세 의무만 부담하고 있었지만, 이번에 드디어 혈세血稅까지 납부하게 되었다. 그럼에도 조선인에 대한 대우를 지금처럼 그대로 해도 좋은 걸까 하는 불만이 상당히 있었던 것처럼, 뭐 생각한 거지. 그래서 결국 지원병을 모집해서 전선으로 내보내게 되면 자연히 조선인에 대한 처우 문제, 정치 방면에서의 처우 문제를 당연히 생각했을 것이라고 여겨지는데, 어떻습니까? 쓰쓰이 군.

쓰쓰이: 그렇습니다. 역시 전쟁이 점점 진행되고 지원병제도도 나오고 여러 가지로 전쟁 협력과 관련해서 조선인으로서 감수해야 하는 고생이 많아집니다. 그러한 점과 관련하여 주는 쪽도 주어서 진정 마음으로부터 협력을 끌어내는 체제를 만들어야 한다는 요구가 전쟁이 진행됨에 따라 나왔다고 생각합니다. (중략) 거기에서 가장 큰 문제는 역시 참정권이었어요. - 『15년 전쟁하의 조선 통치』 중에서

이런 견해는 조선총독부에 근무할 때에만 가지고 있는 생각이었다. 조선 총독으로 재임할 당시 일본 의회에 가서 '조선 청년들이 군대에 가

면 조선인에게도 권리를 주어야 한다'고 주장하던 총독이 나중에 일본 총리가 된 후에는 '절대로 조선인에게 권리를 주어서는 안 된다'고 주장한 일도 있었다. 고이소 구니아키[小磯國昭, 1880~1950년] 총독의 이야기이다.[12]

지원병제도의 마지막은 학도지원병의 몫이었다. 학도지원병은 그간 입영이 연기되었던 전문학교 이상 졸업자를 대상으로 한 병력동원 제도이다. 간략한 연혁을 살펴보자.

- 1943.10.20. : 육군특별지원병 임시채용 규칙(육군성령 제48호) 공포. 이를 근거로 '육군특별지원병 임시채용규칙' 개정(육군성령 제53호)과 '수학 계속을 위한 입영 연기 등에 관한 건' (육군성령 제54호) 제정 공포
- 1943.10.25.~11.20 지원서 접수
- 1943.12.11. : 징병검사 실시
- 1944.1.20. : 입영

당국은 적격자 100% 지원을 목표로 각종 방법을 동원했다. 유학지인 일본과 조선은 물론, 부관연락선과 항구 등지에서 대대적인 미지원자에 대한 색출작업을 벌였다. 지원을 피해 고향으로 돌아오던 조선 청년들도 여지없이 연락선 안에 마련된 사무실에서 지원서에 도장을 찍어야 했다. 학교를 떠나 잠적한 청년들에게는 가족에게 위해를 가하는 방법을 사용했다. "지원하지 않으면 남양 등

---

12) 정혜경, 『조선청년이여 황국신민이 되어라』, 서해문집, 2010, 71쪽

지에 징용해서 출병보다 더 생명의 보장이 없는 곳으로 처리해버린다"는 소문을 퍼뜨려 불안한 상황을 조장했다. 이런 당국의 노력으로 조선의 전문대학 재학생의 96%가 지원서에 서명을 했다. 당국은 대상자를 졸업생으로 확대해 졸업 후 취업자 가운데 335명도 지원을 피할 수 없었다.

조선인 학도지원병 가운데 30%는 자살특공대로 동원되는 비극을 겪었다. 자살특공대는 가미카제[神風. 몽골 침략 당시 태풍으로 몽골 함선이 난파한 것을 신의 바람이라 선전]로 잘 알려져 있는데, 일본에서는 '가미카제'보다 '신푸'라는 발음으로 더 많이 불린다. 가미카제는 구명 장치가 없는 장비를 이용한 자살특별공격대다. 해군 제1항공함대 사령관인 오니시 다키지로(大西瀧治郎) 중장이 자살특별공격대를 창안했다고 알려져 있지만, 실제로는 군사령 작전과에서 결정하여 명칭까지 붙인 후 오니시에게 전달했다고 한다. 오니시는 이후 '일본 항공부대의 아버지'로 불렸다. 물론 자살 특공 작전은 가미카제에만 있었던 것은 아니다. 신요(震洋), 마루레(マルレ), 가이텐(回天) 등 다양한 형태가 있었다. 인간어뢰나 잠수어뢰라고도 한다. 어뢰를 실은 배를 타고 적함에 돌격하거나, 모터보트에 폭탄을 고정해서 돌진하거나, 로켓을 분사하는 식으로 사람을 폭탄과 묶어서 쏘는 등등이다. 일반적으로 일본의 자살특공대라고 하면 가미카제를 떠올릴 만큼 가미카제가 제일 유명하다.

자살특공대원들을 조달하는 방법은 다양했다. 일단 해군에서는 해군소년비행병제도에 따라 운영되는 연습생들이 있었고, 해군특별지원병제도에 의해 1943년 8월에 동원된 지원병도 있었다. 1944년 11월에 일본 해군으로 징병된 일반 군인들도 있었고, 육군에서도 해군과 같이 소년비행병제도가 있었다. 그리고 육군특별조종견습사제도에 따라 교육 과정을 밟은 사람들도 있었고, 항공기승원양성소라고 해서 승무원을 양성하는 기관을 거친 사람들도 있었다. 육군과 해군 모두 다 운영한 기관이다. 이들은 모두 단기간 훈련을 받고 조종사가 되는데, 이들이 바로 특공대원의 후보 인력이었다. 이같이 별도의 특공대원만을 양성하는 부대가 있었던 것이 아니라, 각 부대에서 차출하는 방식이었다. 학도지원병에게 해당된 방식이기도 했다.

학도병들은 상관이 보는 앞에서 '열망한다', '지망한다', '지망하지 않는다'의 세 가지 항목 중 하나를 선택해야 했다. 상관이 보는 자리에서 '지망하지 않는다'에 동그라미를 칠 용기를 가진 병사란 없다. 어차피 지망하게 할 테니 굳이 구타를 자처할 필요는 없었다. 이런 식으로 특공대원에 선발되고 나서는, 기회가 있어도 탈출하지 못했다. 고향의 가족에게 가해질 보복이 두려웠을 것이다.[13]

당국의 꼼꼼한 색출과 가족 압박에도 수백 명이 지원을 거부하고 징용령장을 받았다. 1943년 11월 21일 학도지원병 모집이 마감되자 오오노(大野) 학무국장는 '학도지원병 총 해당 학생 중 1할의 미지원자와 9월 문과 졸업생으로서 뚜렷한 직업이 없는 자'가 지원하지 않았음을 밝히고, '미참여자는 국가총동원법에 의해 단호히 처

---

13) 정혜경, 『조선청년이여 황국신민이 되어라』, 335쪽

벌할 것'이라 발표했다. 그리고 11월 28일 징용령이 도지사 명의로 내려져 30일 이내에 미지원자 본인에게 전달되었다.

이들은 당국의 검거망을 피하지 못하고 피체되어 12월 5일부터 경기도 양주군 노해면 공덕리에 있던 육군지원병훈련소에 수용되기 시작했다. 2주간의 훈련을 거친 후 '응징학도' '학도징용'이라는 이름으로 국내 각 작업장에서 노역을 해야 했다. 이들은 '황국신민으로서 자질이 부족하다'며 훈련기간 동안에 군사훈련과 사상교육을 집중적으로 받았다. 사상교육에서 강연자인 친일인사에게 "너희는 병역을 기피했으므로 천황폐하의 쌀을 먹을 자격이 없다"는 소리를 듣기도 했다.[14]

1944년 일본 제국의회 자료에 언급된 징용학도의 규모는 125명이다. 그러나 한국정부(위원회)는 적어도 400명 이상으로 추산했다. 학도병을 거부한 청년들은 황해도 해주의 오노다 시멘트 공장이나 조선총독부 소속 채석장, 조선총독부 교통국 소속 철도공사장 등에 동원되었다. 동원 작업장에서는 이들이 일반 노무자들에게 사상적 악영향을 미칠 것을 우려해 별도 관리했다. 오노다 시멘트 회사가 남긴 자료에 의하면, 하루 교육 일정 및 작업 시간, 근무 상황은 물론 체중 변화까지 일일이 기록했다.

일본의 전세가 악화되면서 조선의 청년들은 징병제도의 대상자가 되었다. 징병이란 의무이지만 국민으로서 권리를 수반하므로 일

---

14) 연합뉴스 2012.8.13. 「일제, 학도병 거부 조선인 학생 수백명 강제노역」

본당국은 조선인을 징병제도에 포함하는 일에 주저했다. 조선인이 징병을 이유로 자치권을 주장하면 곤란하기 때문이다. 그러나 급박한 전세는 더 이상 징병을 미룰 여유를 주지 않았다.

- 1942.5.1. : 육밀 제1147호 「조선에 징병제 시행 준비의 건」요청(육군대신 東條英機와 척무대신 井野碩哉 명의), 1942년 5월 8일 각의 결정, 9일 공포
- 1942.5.11. : 훈령 제24호 「조선총독부 징병제시행 준비위원회 규정」 공포, 준비 착수. 국민총력조선연맹의 기구를 총동원, 조선신궁을 비롯한 각처에서 신궁봉고제 및 선서식 개최. 이후 각종 선전행사 개최 및 일본어보급운동 전개
- 1942.10.15 : 제령 제32호 「조선기류령」 시행. 징병 적령자의 거주 파악 목적
- 1942.10.1 : 제령 제33호 「조선청년특별연성령」 공포
- 1943.8.1 : 개정병역법 시행(징병제 시행 근거)
- 호적정비를 통해 1943년 10월 1일부터 조선 전역에 걸쳐 징병 적령자 신고
- 1944년 4월 1일부터 8월 20일까지 제1회 징병검사 실시
- 1944년 9월 1일부터 입대

이상의 제도를 통해 동원된 군인의 현황은 아래 표와 같다.

| 구분 | | 계 |
|---|---|---|
| 육군특별지원병 | 16,830 | 209,279 |
| 학도지원병 | 3,893 | |
| 육군징병 | 166,257 | |
| 해군(지원병 포함) | 22,299 | |

### 3) 군무원

군무원은 현대 용어이다. 당시에는 군속이나 군부라 불렸고, 법률상 용어는 군속이었다.

군속의 사전적 의미를 보면, 다음과 같다. '군요원軍務員'의 구 용어로서 육·해군에 종속하는 문관, 문관대우자, 고원·용인 등 「군속선서」 또는 「군속독법」에 의해 복무하는 일체를 총칭한다. 군대구성원으로 육해군에 복무하는 군인(장교, 하사관, 병)이외의 자를 군속이라 총칭한다. 육해군문관, 동등 대우자(고등관 대우 법무관 시보, 판임관 대우 감옥간수 및 선서를 하고 육해군에 군무하는 자)를 말하며 준 군인으로 군사법제 하에서 군무에 복무한다.

사전적인 의미는 간단하지만 구성을 보면 간단하지 않다. 동원경로도 다양하고, 동원지역에 따라 동원 방식도 일관성을 유지하지 않았다. 국민징용령에 의해 동원된 피징용자가 사망 후 '군속 명단'에 등재되는 것은 일반적이고, 할당모집에 의해 일본기업이 관리하고 있던 노무자가 사후에 '군속 명단'에 오르기도 했다. 이러한 혼란은 일본당국이 군무원 관리를 체계적으로 하지 않고, 상황에 따라하거나 원호를 고려해서 '처리'했기 때문이다.

군무원 가운데 다수는 '군부'라 칭하기도 하고 고원雇員이나 용인傭人이라 불리는 '군노무자'이다. 그러므로 크게 군노무자와 기타 군요원(문관, 운전수, 간호부, 포로감시원)으로 구분하는 것이 적절하다. 이 가운데 군노무자와 가장 큰 차이를 보이는 업무종사자는 포로감시원이다.

각종 법령(해군징용공원규칙, 국민징용령, 육군군속선원취급요령, 군수회사징용규칙, 선원징용령, 의료관계자징용령 등)에 의한 동원과 현지 지휘관의 판단에 따른 차출 및 신분 전환의 방식이 적용되었다. 후방에서는 각종 법령에 의한 동원이 적용되었지만, 후방에서는 변수가 작용했으므로 동원 경로도 일관되지 않았다.

전방의 하나였던 사이판을 보면, 척식회사였던 (주) 남양흥발는 1944년 4월 1일 현지 주둔군과 전력증강과 병참식량 확보에 관한 군민협정(일명 矢野-小原협정)을 체결해 회사 소속 노무자를 군무에 동원했다. 사이판 인근의 섬인 로타의 경우에도 '1944년 6월 이후 16에 이상의 군적에 없는 남자를 징용하여 주로 육군부대에 편입'하고 사망자는 군속으로 취급했다.[15]

1945년 12월 25일자 남양청 경제부장이 남양청 토목과장에게 보낸 공문(반도노무자에 대한 제 급여지불에 관한 조치의 건)에서 '남양청, 남양흥발주식회사, 남양척식주식회사 등으로 조선에서 이입된 반도노무자가 군에 공용으로 인도된 시기부터는 급여 등 대우를 군속으로 취급'한다고 규정한 점도 당시 이 지역에서 양자 간 관계가 어떠했는지를 파악할 수 있게 해준다.[16]

문헌사료에 나타난 가장 이른 시기의 군노무자 동원 사례는 해군의 작업애국단이다. 해군의 작업애국단은 특별 편성된 군무원인데, 해군징용공원규칙(1940.11.19., 총 15개 조항)을 근거로 동원했

---

15) 김명환, 「1943~1944년 팔라우지역 조선인 노무자 강제동원」, 『한일민족문제연구』14, 2008, 110~111쪽
16) 남양청 서부지청 토목과, 『조선인노무자관계철』(방위연구소 도서관 소장, 위원회 소장 자료). 위원회 김명환 전문위원 제공

다. 해군징용공원규칙은 국민징용령에 근거한 규칙이다. 조항에 "해군 공원은 해군군속(제2조)"을 의미하는데, "국민징용령에 의한 해군공작청에 징용공원에 관해서는 1940년 해군성령 제11호 국민징용령에 의해 해군으로 징용되는 자의 급여 등에 관한 건 국민징용규정 및 해군공원규칙(제20조, 제24조, 제25조, 제28조 및 제31조, 제33조 3항, 제34조, 제101조, 제106조 및 부표 제5호 중 제14조를 제외)에 의하는 것 외 본 규칙에 정하는 바에 따른다(제1조)"고 명시했다.

아울러 충남 내무부장이 관할 부윤과 군수에 보낸 공문(忠南秘제1호. 1942년 1월 5일자) 「해군공원의 징용방법에 관한 건」에 의하면, 징용공원을 공출하는 방법(신체검사 및 전형에 소요비용)은 국민징용령 제10조에 의거한다고 규정되어 있다.[17] 해군의 작업애국단은 1941년 12월 8일에 남방 경영지의 기지 설영(設營)을 목적으로 파견이 결정되어 1942년에는 현지에서 작업이 시작되었다. 이들에 대한 계약기간은 2년이었고 일본 국내와 조선에서 모집되었다.[18]

군노무자와 가장 큰 차이를 보이는 업무종사자인 포로감시원 동원에 대해 살펴보자. 일본당국이 조선인을 포로감시원으로 동원한 배경은 1941년 12월 8일 진주만 공격과 말레이 상륙을 필두로 마닐라(1942년 1월)와 싱가포르(1942년 2월), 자바(3월), 필리핀(5월)의 점령에서 찾을 수 있다. 점령지역의 확대는 영국과 네덜란드·오스트리아·미국 등 연합군 병사의 포로화로 이어졌다. 이 시기 일

---

17) 이 공문은 1941년 12월 31일자 공원징용명령을 수행하기 위한 실시 방안이다. 樋口雄一 편, 『戰時下朝鮮人勞務動員基礎資料集』2, 綠陰書房, 2000, 283~289쪽.
18) 「경성일보」1943년 3월 12~14일자(樋口雄一, 『戰時下朝鮮の民衆と徵兵』, 總和社, 2001, 176쪽 재인용)

본군의 포로가 된 연합국 병사는 261,000여 명으로 추정된다. 따라서 일본 군부는 포로에 대한 관리의 필요성에서 1941년 12월 육군성에 포로정보국을 설치하고 이듬해 5월부터 포로감시원을 모집하게 되었다.

포로감시원 모집을 위해 포로정보국의 '포로단속과 경계를 위한 특수부대 편성 등에 관한 방안'(1942.5.15.)에 근거한 '포로수용소 용인의 급여에 관한 사항'(육군 2급 비밀 495. 1942.5.20.)이라는 근거를 마련했다.

포로감시원은 대만인과 조선인을 대상으로 충당하였는데, 한반도에서는 1942년 6월에 모집했다. 이때 제시한 모집요강은 식량은 관급, 피복은 무료대여, 관사제공에 월급은 전투지역 노무자에게는 50원(지금의 4급 공무원 급료 수준), 비전투지역은 30원을 제공한다는 조건이었다. 총독부는 각 읍면에 인원수를 할당하여 면서기와 순사들을 앞세워 동원했다. 이때 동원된 3,223명의 청년들은 군속 신분임에도 노구치(野口)부대(부산 서면 소재)에 수용되어 2개월간 사격과 총검술 등 군사훈련을 받았다.

훈련을 마친 이들은 인도네시아와 필리핀, 뉴기니아, 미얀마, 태국, 조선 등 각처 포로수용소에 배치되어 말단 실무자로 사역당했다. 기간은 2년 계약이었으나 기간이 만료된 이후에도 귀국은 불가능했고, 30원이나 50원의 급료도 처음에는 지급했으나 나중에는 지급하지 않았다. 이들은 패전 이후 전범으로 처리되었다.[19]

---
19) 정혜경, 『조선인 강제연행·강제노동1 : 일본편』, 선인출판사, 2006, 223쪽

포로감시원과 지원병(학도지원병)을 동일한 범주에 포함하는 문학작품이나 연구 성과도 볼 수 있다. 김윤식은 BC급 전범으로 처형된 포로감시원을 소재로 한 선우휘(『외면』, 1976 발표)나 이가형(『분노의 강』, 1993 발표)의 작품 등을 분석하면서, '학병과는 차원이 다른 조선인 지원병' ' 포로감시원으로 고용된 조선인 지원병들이 전후 B급 전범으로 처형된 사실史實'이라 표현했다.[20] 물론 잘못된 인식이다.

이상에서 설명한 방식과 과정을 통해 동원된 인원수는 7,827,355명(중복 인원 포함)이다.

강제동원총수(중복동원인원포함)

| 노무동원 | | | 계 | 군무원 동원 | | 계 |
|---|---|---|---|---|---|---|
| 한반도 | 도내동원 | 5,782,581 | 6,508,802 | 일본 | 7,213 | 63,312 |
| | 관알선 | 422,397 | | 조선 | 15,112 | |
| | 국민징용 | 303,824 | | 만주 | 3,852 | |
| 국외 | | | | 중국 | 735 | |
| | | | | 남방 | 36,400 | |
| | | | | 군인 동원 | | 계 |
| | | | | 육군특별지원병 | 16,830 | 209,279 |
| | | | | 학도지원병 | 3,893 | |
| | | | | 육군징병 | 166,257 | |
| | | | | 해군(지원병 포함) | 22,299 | |
| 총계 | 7,827,355 | | | | | |

20) 김윤식, 『한일 학병세대의 빛과 어둠』, 소명출판사, 2012, 33, 54~55쪽

| | |
|---|---|
| 범례 | 1. 총계 : 1인당 중복 동원 포함 |
| | 2. 군무원 총수는 피징용자 동원수를 제외한 수 |
| | 3. 위안부 피해자 동원수 제외 |
| 근거자료 | 大藏省 管理局 編, 「戰爭と朝鮮統治」, 『日本人の海外活動に關する歷史的調査』통권 제10책 朝鮮篇 제9분책, 1947, 69쪽, 71쪽 |
| | 厚生省 調査局, 『朝鮮經濟統計要覽』, 1949년판 |
| | 朝鮮總督府, 「第85回 帝國議會說明資料」, (『조선근대사료연구집성』 제4호 수록) |
| | 近藤釰一 編, 「最近に於ける朝鮮の勞務事情」, 『太平洋戰下の朝鮮(5)』, 友邦協會, 1964, 170쪽 |
| | 內務省 警報局, 「第3節 志願兵制度と徵兵制による渡來」, 『在日朝鮮人の槪況』 |
| | 朝鮮軍司令部, 『朝鮮軍槪要史』(복각판, 宮田節子 編, 不二出版社, 1989) |
| | 朝鮮總督府, 『朝鮮事情』1941~1943년 각년도판 |
| | 허수열, 「조선인 노동력의 강제동원의 실태」, 차기벽 엮음, 『일제의 한국 식민통치』, 정음사, 1985 |

# 2장 강제동원, 강제연행

## 1. 용어 문제

한국 사회가 일제말기 조선인의 인력동원에 대해 '징용'이란 용어로 포괄적으로 사용하는 데 비해 학계에서는 '강제연행' '전시노무동원' '강제동원' 등 다양한 용어가 병용되고 있다.

□ 강제연행

1990년대 초반까지는 '강제연행'이라는 용어가 일반적이었다. '강제연행'은 재일사학자 박경식(朴慶植)이 1965년에 일본에서 「조선인강제연행의 기록」을 발표하면서 사용하기 시작한 용어이다. 박경식은 당시 전시동원체제와 강제적인 방법의 인력동원 자체를 역사적 진실로 받아들이고자 하지 않는 일본의 현실에 맞서 '강제연행'이라는 용어를 제창했다.

아울러 박경식이 강제연행의 실상을 널리 알리고자 수년간 실시한 일본전역에 대한 현지답사와 증언채록 작업의 결과물이 위의 책이다. 그 결과 일본 국가권력에 의한 조선인 인력동원의 역사는 사실史實로 확립됨과 동시에 새로운 연구주제로 부상하게 되었다. '강제연행'은 강제적 행위 그 자체에 의미를 부여한 용어로 정착되어 이후 1990년대 초반까지 일본은 물론이고 국내에서도 일반적으로 사용되었다. 군인·노무자·군무원 등을 포괄한 개념으로 확산되었다.

2000년대에 들어서 제한적으로 사용되다가 최근 일본 이와나미 출판에서 발간된 연구서(『조선인 강제연행』, 2012)에 다시 등장했다. 그러나 이 책의 저자인 도노무라 마사루(外村 大)는 '조선인강제연행'이라는 용어를 노무동원에 국한해서 적용했다. 1965년에 비해 후퇴한 적용으로 보인다.

□ 전시노무동원

'강제연행'이라는 용어가 무비판적으로 답습되어온 점에 대해 재검토를 요구하면서, 제시된 용어가 '전시노무동원'이다. 김민영은 '강제연행'이라는 표현을 '개개 노동자 한 사람 한 사람'에 대한 개별적 개념으로 파악하고, '강제연행'이 국외 동원에 국한된 점을 지적하며 국내와 국외 동원을 포괄하는 집단적 개념으로서 '전시노무동원'을 사용했다.[21] 전시노무동원이라는 용어에 국내동원을 포괄했다는 점이 주목된다. 그러나 이 용어도 노무동원에 국한되어 있으므로 일제 말기 조선인 인력동원 전체를 포괄하지는 못했다.

---
21) 김민영, 『일제의 조선인노동력 수탈 연구』, 한울사, 1995, 27~31쪽

▫ 강제동원

강제연행이나 전시노무동원보다 포괄적인 용어는 '강제동원'이다.

이 용어는 일본에서 먼저 제시되었다. 일본에서 '강제동원'을 제시한 배경에는 전쟁 시기라는 체제의 강제적 성격에 의미를 부여한 용어로서 '전시노무동원'이 간과할 수 있는 '강제적인 노동력 이동'이라는 점을 강조하고자 하는 인식이 자리하고 있다고 생각한다. 제안자들은 이 용어가 '강제동원' 정책이 '노동력 동원'뿐만 아니라 다른 전시 수탈(물자, 자금, 자원, 민족말살 등)과 밀접한 연관이 있다는 인식을 전제로 하고 있다.[22] 그러나 이 용어도 역시 노무동원에 국한되었다는 점을 지적하지 않을 수 없다.

이에 비해 한국 학계에서 사용하는 '강제동원'은 병력과 비병력 동원, 국내와 국외, 동원과정과 동원실태를 포함하는 포괄적인 개념이다. 1990년대 후반부터 강만길과 강창일을 비롯해 많은 연구자들이 사용하고 있다. 또한 이러한 연구 성과를 토대로 법령(일제강점하 강제동원피해진상규명에 관한 특별법, 대일항쟁기 강제동원피해조사 및 국외강제동원희생자 등 지원에 관한 특별법 등)에서도 이 용어를 사용하고 있다.

▫ 강제연행 · 강제노동

전기호는 「한국인 강제연행 · 강제노동에서 '강제'의 성격」에서 '강제연행, 강제노동'이라는 용어를 사용했다. 전기호는 '강제연행'

---

22) 김윤식, 『한일 학병세대의 빛과 어둠』, 소명출판사, 2012, 33, 54~55쪽

이 동원과정에 국한된 개념이라는 인식 아래 동원과정과 노동 전반의 강제성을 포괄하는 개념으로 '강제연행, 강제노동'을 사용했다.[23]

한일민족문제학회 강제연행문제연구분과가 발간한 책(『강제연행·강제노동 연구 길라잡이』, 선인출판사, 2005)나 정혜경(『조선인 강제연행·강제노동 1: 일본편』, 선인출판사, 2006)도 '강제연행'의 제한적인 측면을 보완하고자 하는 입장에서 '강제연행·강제노동'이라는 용어를 사용했다.

□ 전시노동동원

일본기업으로 송출된 조선인 인력동원을 '강제연행, 강제노동, 민족차별'이라는 세 가지 문제점을 포함하고 있다고 전제하고 제시한 용어이다.[24] 재일조선인의 입장에서 민족차별 문제는 매우 중요했으나 조선인 인력동원과 민족차별 관련성을 주목한 인식은 탁견이라 생각된다. 전시기 이전에 일본에서 조선인을 고용했던 기업과 그렇지 않은 기업간 조선인 노동실태의 차이를 논증하기 위해 구체적 사례를 제시했다.[25] 이 용어를 제안한 『조선인전시노동동원朝鮮人戰時勞働動員』의 필자들은 "조선인 강제연행을 조선인전시노동동원이라 부른다(10쪽)"고 명시했으나 노무동원 가운데에서 일본지역으로 한정한 용어로 사용하고 있다.

조선인 인력동원 관련 용어는 일본학계에서 먼저 제시되었으나

---
23) 전기호, 「일제시대 재일한국인 노동자계급의 상태와 투쟁」, 지식산업사, 2003
24) 山田昭次·古庄正·樋口雄一, 「朝鮮人戰時勞働動員」, 岩波書店, 2005, 10~12쪽
25) 山田昭次·古庄正·樋口雄一, 「朝鮮人戰時勞働動員」, 30~31쪽

1990년대 중반부터는 한국학계에서도 관심을 보이기 시작했다. 1960년대부터 '강제연행'이 널리 사용되다가 1990년대에 들어서 '강제동원'이 제시되었다. '강제동원'은 '강제연행'이라는 용어가 인력동원의 강제성을 명확히 드러내지 못한다고 평가한 측면이 적지 않다. 그러므로 일제말기에 행해진 조선인 인력동원의 강제성을 강조하고, 일본당국의 적극적인 개입과 주도를 입증하고자 하는 연구자들 사이에서 사용되었다. 그러나 '동원'이라는 어휘가 갖는 뉘앙스가 '연행'보다 약하다는 지적도 있다.

'강제연행'을 보완적으로 사용하려는 노력도 시도되었다. 대표적인 예가 김영달의 입론이다. 김영달은 전쟁 중 조선인에 대한 강제적인 전쟁동원의 총칭으로서 '전시동원'이라는 용어를 사용하고 '전시동원' 가운데 구체적인 현상의 하나였던 폭력적인 동원을 '강제연행'이라는 개념으로 재구성했다.[26] 특히 일본에서 제시된 용어의 대부분은 인력동원 전반을 포괄하기 보다는 인력 동원의 한 범주인 '노무동원'에 국한되었다는 점을 볼 때, 김영달의 개념은 포괄적이다.

## 2. 인력동원의 분류

오랫동안 인력동원의 범주는 노무(노동력)동원 · 병력동원 · 준병력동원 · 여성동원 등으로 대별되어왔다. 그러나 연구를 통해 인력동원의 구체적인 내용이 규명되면서 범주에 대한 고민도 계속되

---

26) 金英達, 『金英達著作集2 - 朝鮮人强制連行の研究』, 明石書店, 2003, 121~122쪽

고 있다. 이 고민은 향후 후속연구의 진전에 따라 학문적인 함의가 모아질 것이라 생각한다. 그동안 학계에서 제시한 분류를 소개하면 다음과 같다.

❶ 김영달 분류 : **노무동원**(모집, 관알선, 징용, 군요원 – 군속·민간요원·노무자), **병력동원**(지원병, 징병, 준병사 – 해군설영대·포로감시원), **여성동원**(여자정신대, 일본군위안부)

❷ 권희영 분류 : **노무동원**(여자근로정신대 포함), **병력동원**(군인,군속), **성동원**(일본군위안부)

❸ 정혜경 분류 : **비병력동원**(노무동원 – 여자근로정신대, 학도근로대, 군노무자 포함/준병력 – 포로감시원, 통역, 간호부, 문관 등 군요원, 성동원), **병력동원**(지원병, 징병)

❹ 야마다쇼지·고쇼다다시·히구치유이치山田昭次·古庄正·樋口雄一 분류 : **노동동원**(모집·관알선·징용, 여자근로정신대), **군사동원**(병사 – 지원병·징병, 군요원 – 군속·군부, 군위안부)

| 구분 | 대분류 | 소분류 | 구성(비고) |
|---|---|---|---|
| ❶ | 노무동원 | 모집,관알선, 징용 | |
| | | 군요원 | 군속·민간요원·노무자 |
| | 병력동원 | 지원병 | |
| | | 징병 | |
| | | 준병사 | 해군설영대·포로감시원 |
| | 여성동원 | 여자정신대,일본군위안부 | |
| ❷ | 노무동원 | | 여자근로정신대 |
| | 병력동원 | 군인,군속 | |
| | 성동원 | 일본군위안부 | |

| 구분 | 대분류 | 소분류 | 구성(비고) |
|---|---|---|---|
| ❸ | 병력동원 | 지원병 | 육군, 해군 |
| | | 징병 | 육군 |
| | 비병력동원 | 노무동원 | 군노무자와 여자근로정신대 포함 |
| | | 준병력동원 | 군요원(포로감시원,통역,간호부,문관 등) |
| | | 성동원 | 일본군위안부, 기업(노무)위안부 |
| ❹ | 노동동원 | | 모집·관알선·징용, 여자근로정신대 |
| | 군사동원 | 병사 | 지원병, 징병 |
| | | 군요원 | 군부, 군속, 위안부 |

위의 네 가지 분류 내용을 구체적으로 살펴보자.

❶ 분류 : 인력동원을 노무동원과 병력동원, 여성동원 등 셋으로 구분하고 준병력동원을 각기 노무동원과 병력동원에 포함한 점이 특징이다. 또한 병력동원은 병사(지원병과 징병)와 준병사로 구분했다. 그러나 여자근로정신대는 '여자정신대'라는 이름으로 일본군위안부와 같이 분류해 사실과 다른 오류를 남겼다. 해군설영대와 포로감시원은 전혀 다른 성격임에도 같은 범주에 분류한 점도 사실과 다른 분류이다.

❷ 분류 : 인력동원을 노무동원과 병력동원, 성동원 등 셋으로 구분한 것은 ❶과 동일하다. 그러나 ❶과 차이점은 여자근로정신대를 노무동원에, 군속을 병력동원으로 포함한 점이다.

❸ 분류 : 크게 병력동원과 비병력동원으로 구분하고, 비병력원을 다시 노무와 준병력동원, 성동원으로 세분했다. 기존의 분류와 다른 분류이다. 특히 군무원을 군노무자와 기타 군요원 및 포로감시원으로 구분하여 전자를 노무동원에 포함했다. 비병력동원 분류의 근거는 징용제도이다. 징용제도가 노무자는 물론 군무원에게도 적용된 점에 주목했다.

❹ 분류 : 크게 노동동원과 군사동원으로 구분했다. '병력'이 아닌 '군사'라는 용어를 사용하여 노동의 성격을 병사와 군요원으로 세분화했다. 그러나 군무원을 군사동원에 포함한 점은 징용제도를 간과한 분류이고 위안부를 군사동원 중 군요원에 포함한 것도 위안부피해의 성격을 정확히 인식하지 못한 결과라 생각된다.

위 분류에서 주목할 점은 군무원 분류이다.
모든 분류는 군무원을 병력동원(군사동원)이나 준병력 동원에 포함했다. ❶은 군요원을 노무동원에, 준병사는 병력동원에 포함했다. ❷는 군무원(군속)을 세분화하지 않고 병력동원에 포함했다. ❹도 '군속과 군부'를 군사동원에 포함했다. ❹가 군무원(군속)을 병력동원에 포함한 이유는 영장을 발부받았고, 군부대에서 근무를 하고 있다는 점이다. 그러나 태평양과 같은 전선에서 군이 민간기업에 속한 노무자를 군무원으로 전환한 경우는 있으나 직접 영장을 발부하지는 않으므로 사실과 다르다.

그에 비해 ❸은 준병력동원을 비병력동원으로 분류하고 소수에 해당하는 포로감시원과 군요원(통역관, 운전수, 간호부 등)만을 포함했다. 군무원 가운데 대다수를 차지하는 군노무자는 국민징용령에 의한 피징용자나 기타 징용령에 의한 피징용자라는 점을 고려한 분류이다.

일본 학계에서 군무원을 노무자와 별도로 구분한 배경에는 원호와 은급恩級제도가 영향을 미쳤다. 노무자들은 원호와 은급의 대상이 아니지만 군인과 군무원은 원호와 은급의 대상자라는 점이 기준

점이 되었다. 그러나 일제말기에 국민징용령에 의한 피징용자들도 원호제도의 적용대상이었으므로 노무자와 군무원의 분류 기준이 될 수 없다.

이러한 상황은 전후에도 마찬가지이다. 전후 일본의 원호제도는 패전 직후 연합군점령 시절인 1946년 2월에 은급이 정지되었으나 1950년 국회에서 '유족 원호'에 관한 결의가 나오다가 1952년 4월 30일 '전상병자전몰자유족 등 원호법안'이 공포되면서 개시되었다. 법령 제목에서도 알 수 있는 바와 같이 전상병자와 전몰자의 정의에 따라 원호 대상자는 확대되어 갔다. 1958년에는 군속 외에 준군속 항목을 설정해서 '국가총동원법에 의한 피징용자, 전투참가자, 국민의용대원, 만주개척청년의용대원, 특별미귀환자'를 원호대상자로 확대했다. 준군속의 범위는 이후에도 계속 확대되었다.[27]

이같이 일본이 제정한 원호제도는 원호대상자 확대를 지향하고 있었으므로 노무자와 군무원의 분류기준점이 될 수 없다.

그 외 여성동원 분류를 보면, 여성동원만을 성별로 범주화한 것과 일본군위안부(또는 기업위안부)와 여자근로정신대를 같은 범주에 포함하는 점이 눈에 띤다. ❶에서 김영달은 여자근로정신대를 여전히 일본군위안부와 동일한 범주에 분류했다. 기업(노무)위안부는 성동원이나 노무동원 어디에도 포함되지 않는다. ❶과 같은 분류는 여성이 위안부 외에도 노무자와 군무원에 다 동원되었다는 점을 간과한 결과이

---

27) 후생성사회·원호국원호50년사편집위원회, 『援護50年史』, 1997, 96~107쪽, 168~217쪽

다. 성적인 착취의 대상인 위안부와 노동력 제공을 목적으로 한 여자 근로정신대는 같은 성격으로 범주화할 수 없다.

조선인 인력동원의 용어와 범주, 분류 문제는 관련 연구의 심화와 적극적인 자료 수집이 이루어질 때까지 만족할만한 결론을 기대하기 어렵다. 각각의 실체에 대한 사실 규명을 토대로 농익은 고민이 필요하다.

# 법령과 징용제도
## 국민징용령과 국민징용

조선총독부가 조선 민중들에게 홍보한 내용에서 알 수 있듯이 '징용'은 법적 근거에 의거한 인력동원제도의 하나이다. 또한 '징용(徵用)'이란 국가 권력이 강권으로 군수산업에 노동력으로서 동원하는 전시인력동원의 뼈대이다. 그러므로 징용제도는 일본이 아시아태평양전쟁을 수행하는 과정에서 동원한 인력의 성격(강제성)에 대한 '가장 확실하고도 명백한 근거'이기도 하다.

앞에서 살펴본 바와 같이 인력동원은 크게 병력과 비병력으로 나눌 수 있고, 비병력동원은 비록 군인은 아니지만 전쟁수행에서 필수불가결한 존재였다. 징용제도는 비병력동원에서 중요한 의미를 갖는다. 국가권력이 직접 주관하고, 책임을 지는 제도이기 때문이다. 그러므로 징용제도에 의해 동원된 피징용자에 대해서는 법적 근거(국민징용령과 국민징용부조규칙 등)에 의해 원호제도를 적용하게 되어 있다. 당국이 '징용은 군인과 같다'고 선전한 이유에는 군인과 마찬가지로 원호제도를 적용한다는 점도 포함되어 있었다.

일본당국은 어떤 근거로 조선인들에게 '징용장'을 발부하고, 송출했는가.

## 1. 국민징용령과 국민징용

국민징용령은 노무자에게만 해당하는 법령이 아니다. 앞에서 해군징용공원규칙이 국민징용령에 근거한 하위 법령이라는 점은 소개했다. 국민징용령에 근거한 징용제도를 살펴보자.

징용제도는 국민징용령을 통해 조선에 적용, 시행되었다. 국민징용령은 국가총동원법에 따라 노동력을 동원할 목적으로 국가총동원법 제4조 규정에 따라 1939년 7월 8일 제정한 통제법령(칙령 451호)이다. 제정 당시 총 26개 조항으로 구성되어 있었는데, 징용을 "특별한 사유가 있는 경우 외에 국민직업소개소의 직업 소개 기타 모집 방법에 의해 소요 인원을 충당하지 못하는 경우에 한해 시행하는 것"으로(제2조), 적용 대상자를 "국민직업능력신고령에 의한 요신고자에 한하여 행한다. 단 징용 중 요신고자 상태에 놓이지 않게 된 자를 계속 징용할 필요가 있는 경우는 이 제한에 있지 않다"고 규정하였다.(제3조) 또한 제6조에 의해 육해군의 부대와 학교를 포함한 총동원 업무 집행 관아의 소관대신은 징용에 의해 당해 관아(官衙)의 인원 배치가 필요하다고 인정할 경우에 후생대신에게 청구할 수 있었다. 군노무자(군무원) 징용의 근거이다.

국민징용령의 제2조 규정에 의해 징용이란 특례적인 수단이고 노동력 수급조절의 기본은 '자유모집'으로 평가되었다. 징용대상자도 국민직업능력신고령의 신고를 요하는 자로서 기능자를 염두에 두고 있었고(3조), 피징용자가 종사하는 직업도 '총동원업무'로 정해져 있어서(4조), '몽땅 동원'하는 단계의 징용제도 보다는 제한적이었다. 일본은 중일전쟁 개시 이후 2년의 단계인 1939년에는 이 제도를 본격적으로 발동하는 것을 상정하지 않았다.

일본에서 징용제도가 확대된 것은 1940년 후반 이후의 일이다. 1940년 10월 국민징용령 제1차 개정(칙령 제674호. 10.16 공포, 10.20 시행), 1941년 12월 제2차 개정을 거쳐 징용대상자는 기능자를 넘어 확대되고 1941년 8월에는 민간사업장에도 징용이 적용되었다. 그 결과 1939년 단계에서 850명이었던 신규징용자가 1940년에는 52,692명, 1941년에는 258,192명으로 급속히 증가했다.[28]

국민징용령은 제정 당시, 제2조에 명시된 바와 같이 인력동원의 핵심은 '국민직업소개소의 직업 소개 기타 모집 방법에 의해 소요 인원을 충당'하는 방법이었고, 국민징용령에 의해 동원할 수 있는 조건이 국민직업능력신고령과 관련이 있다. 국민직업능력신고령의 제정 취지와 법령 내용을 살펴보자.

1938년 10월 31일 개최된 제2회 국가총동원심의회에서 '일반 국민의 직업능력에 관한 칙령요강안'을 자문하고 그 가결 답신을 받

---

28) 佐佐木 啓, 「徵用制度下の勞資關係問題」, 「大原社會問題研究所雜誌」568號, 2006, 3月號, 25쪽.

아 1939년 1월 7일 칙령으로 국민직업능력신고령을 공포했다. 이 법령에 의한 등록의 범주는 전시노무동원에 가장 긴요하다고 인정되는 직업능력을 가진 자로 한정하고 등록기관은 직업소개소로 정했다. 이 법령에 의한 국민등록제 외에 의료관계자(의사, 치과의사, 약제사, 간호부)를 등록하는 의료관계자직업능력신고령이 제정되고, 선원과 수의사의 등록에 대해서도 선원직업능력신고령과 수의사직업능력신고령이 제정되었다.

국민직업능력신고령을 제정하기 위해 내각에 부의하는 문서(1938년 12월 21일자)에 명시된 법령 제정 이유에 "인적자원의 통제운용상 기초가 되도록 하기 위해 일반국민의 직업능력에 관한 소요의 신고를 하고, 검사를 하기 위해 필요"하다고 명시했다.[29] 국가총동원 체제에서는 노동력의 적정한 배치가 매우 중요한 문제이기 때문에 국민의 직업능력을 충분히 파악해둘 필요가 있다. 그러므로 국가총동원법에서도 '국민의 직업능력에 관한 사항의 신고 및 검사'에 관한 규정을 두었고, 이 규정에 따라 국민등록제가 1939년부터 실시되었다. 이 법령에 의해 등록한 일본인은 총 2,766,586명(현직자 2,488,646명, 전력자 126,804명, 학교졸업자 14,709명, 기능자양성시설 수료자 7,754명, 검정시험면허자 128,673명 등)이다.[30]

그렇다면 국민징용령은 제2조 규정에 의해 제정 당초부터 제한적이고 피징용자를 소극적으로 적용하고자 만든 제도인가. 1939년 6월 23일에 각의에 부의한 문서(국민징용에 관한 칙령 제정의 건)에서 밝힌

---
29) 아시아역사자료센터, 공문유취(公文類聚) 63편, A02030147700. http://www.jacar.go.jp
30) 勞行政史刊行會, 『勞働行政史』下, 1961, 934쪽.

법령 제정의 이유를 보면, "국민직업능력신고령의 요신고자에 대해 직업소개소 기타 일반 모집의 방법에 따라 동원할 수 없는 경우에는 국가총동원법 제4조 규정에 따라 이들을 징용하여 소요인원을 충족"하고자 하는 목적을 가지고 있다. 이러한 법령 제정 취지가 제2조에 반영된 것이다.

여기에서 주목할 점은 징용 대상자가 바로 '신고자'가 아닌 '요要신고자'라는 점이다. 실제로 신고한 자 뿐만 아니라 법률상 신고해야 함에도 등등의 이유로 신고하지 않은 자도 징용의 대상이 된다는 점이다. 그러므로 '국민직업능력신고령에 의한 요신고자'는 국민직업능력신고령의 규정이 확대되면, 그에 따라 자동적으로 늘어나므로 법령의 적용을 받는 대상자는 확대될 수밖에 없다. 1939년 6월 23일에 각의에 부의한 문서(국민징용에 관한 칙령 제정의 건)에서 밝힌 법령 제정의 이유를 보면, "국민직업능력신고령의 요신고자에 대해 직업소개소 기타 일반 모집의 방법에 따라 동원할 수 없는 경우에는 국가총동원법 제4조 규정에 따라 이들을 징용하여 소요인원을 충족"하고자 하는 목적을 가지고 있다. 이러한 법령 제정 취지가 제2조에 반영된 것이다.

여기에서 주목할 점은 징용 대상자가 바로 '신고자'가 아닌 '요要신고자'라는 점이다. 실제로 신고한 자뿐만 아니라 법률상 신고해야 함에도 등등의 이유로 신고하지 않은 자도 징용의 대상이 된다는 점이다.[31] 그러므로 '국민직업능력신고령에 의한 요신고자'는 국민직

---
31) 佐佐木 啓, 「戰時期における徵用制度の展開過程」, 早稻田大學 修士論文, 2003, 51~53쪽.

업능력신고령의 규정이 확대되면, 그에 따라 자동적으로 늘어나므로 법령의 적용을 받는 대상자는 확대될 수밖에 없다.

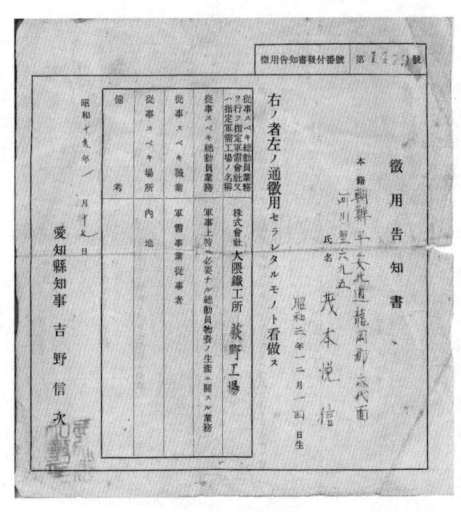

그림5. 징용고지서(대일항쟁기 강제동원피해조사 및 국외강제동원희생자등 지원위원회 소장 자료)

전국戰局의 변화에 따라 국민징용령의 틀을 확대하는 것은 자연스러운 일이다. 중일전쟁을 일으킨 이후 1937년 12월 13일에 난징(南京)을 점령하고, 이어서 1938년 6월 한커우(漢口)에 이어 12월에 우한(武漢)을 점령하는 등 승세를 굳히는 듯 보였던 중국전선은 대본영大本營과 일본 민중들의 기대와 달리 지구전에 접어들었다. 1937년 9월 중국국민당과 공산당의 제2차 국공합작과 만몽(滿蒙) 국경에서 소련군과 충돌, 중국 서북부 일부 지역을 제외한 지역에 형성된 전선의 확대는 속전速戰을 통해 중국 전역을 점령하고, 육군 병력을 태평양으로 이동 배치하려던 대본영의 구상을 곤란하게 만들었다.

장기전을 치르기에 군비나 물자, 인력, 보급체계 모든 면에서 충분하지 않았던 일본은 중국전선이 교착상태에 빠짐에 따라 인력동원체제에서도 수정이 불가피 했다. 이를 위해 국민징용령을 비롯한 여러 관련 법령이 제·개정되었다. 국민징용령의 1차 개정을 통해 총 15개 조항이 수정되거나 추가되었다. 제정 당시 26개 조항이었음을 볼 때 개정의 폭은 적지 않았다고 생각된다. 1940년 10월 20일 국민징용령 개정을 통해 국민직업능력신고령 대상자 이외의 사람도 징용이 가능하도록 바꾸었고, 동원 가능한 업무 범위도 확대했다.[32]

개정 조항 가운데 대표적인 조항은 "군사상 특히 필요한 경우에는 전항의 규정에 구애받지 않고 명령이 정하는 바에 따라 요신고자이외의 자를 징용할 수 있음"(제3조. 추가 조항)과 "후생대신 전후의 규정에 의한 청구 또는 신청이 있는 경우에 필요하다고 인정될 때에는 피징용자를 사용하는 관아 또는 관리공장, 피징용자가 종사하는 총동원업무, 직업 또는 장소, 또는 징용의 기간을 변경할 수 있음"(제13조) 등이다. 이 조항은 이후 '현원징용', 또는 '현인원징용'이라 불리는 제도의 근거이다.

1차 개정 결과, 1939년에 징용된 일본인의 수는 850명(육군)에 불과했으나 1940년에 221,085명(육군 500명, 해군 220,585명)으로, 1941년에 928,567명(육군 40,734명, 해군 164,151명, 관리 723,682명)으로 급증했다.[33]

---

32) 아시아역사자료센터, 공문유취 63편, A02030240300.
33) 『勞働行政史』下, 1961, 948쪽, 1103~1104쪽.

1941년 6월, 독소개전이 일어나고, 일본이 태평양전쟁을 목전에 앞둔 시기에 일본의 1941년도 노무동원 계획은 전면적으로 수정되었다. 8월 29일 각의 결정「노무긴급대책요강」(이하 대책요강)은 이러한 분위기를 잘 반영한다. 대책요강의 큰 틀은, 근로보국정신의 앙양, 노무의 재배치 및 직업전환, 중요산업요원 충족을 위한 국민등록제 확충과 국민징용제 개정, 근로 조직 정비, 노무배치 조정을 위한 법령 정비(종업자이동방지령과 청소년고입제한령을 폐지하고 새로운 법령을 제정), 근로봉사의 제도화 등이다.[34]

이 같은 대책요강에 따라 관련 규정이 정비되었다. 먼저 노무배치 조정을 위해 종업자이동방지령과 청소년고입제한령을 폐지하고 새로운 법령인 국민근로보국협력령(칙령 제995호, 12.1. 시행)을 제정하여 일반 청장년들이 30일 이내의 노동을 하도록 했다.[35] 국가총동원법 제5조 규정에 근거한 국민근로보국협력령은 청장년들(만 14세 이상 40세 미만의 남성 및 14세 이상 25세 미만 여성)을 30일 이내에 동원할 수 있도록 규정하고 있다.(제3조, 제4조) 국민직업능력신고령도 개정되어(10.15), 등록대상자가 확대되었다. 이로써 1940년에 마련된 청년국민등록제도(16세 이상 징병적령에 달하지 않는 남자)가 확대되었다. 청년국민등록 확장에 관한 후생성령이 고시되어 1941년 10월 16일자로 청장년국민등록제도가 시행됨에 따라 16세 이상 40세 미만의 남자와 16세 이상 25세 미만의 여자가 새로이 등록대상자에 포함되었다. 이 제도에 의

---

34) 「노무긴급대책요강」원문은 http://www.ndl.go.jp/horei_jp/kakugi/txt/txt00343.htm 참조.
35) 국가총동원법 제5조 규정에 근거한 국민근로보국협력령은 청장년들(만 14세 이상 40세 미만의 남성 및 14세 이상 25세 미만 여성)을 30일 이내에 동원할 수 있도록 규정하고 있다.(제3조, 제4조)

해 등록한 일본의 등록 상황을 보면, 1941년 10월 31일 현재 남자 5,255,704명과 여자 3,485,641명 등 총 8,741,345명이다. 이는 1939년 국민직업능력신고령 제정 당시 등록상황(2,766,586명)과 비교해보면, 3배 이상 늘어난 수치이다.

이 시기 가장 큰 폭의 변화는 노무조정령의 제정(칙령 제1063호. 1941.12.8 시행, 공포)이다. 노무조정령은 종업자이동방지령(1940년 12월 5일 시행)과 청소년고입제한령(1940년 8월 31일 시행) 등 노동력통제법에 대한 보완법령이다. 종업자이동방지령과 청소년고입제한령은 모두 사용주로 하여금 종업자가 다른 공장에 취직하는 것을 제한하게 하는데 그쳐 종업자 자신의 퇴직은 자유로운 상태였다. 또한 지정 산업 외에 상업방면에 취직을 하는 것은 자유로웠기 때문에 퇴직율이 높았고, 종업자의 이동방지에 대한 충분한 효과를 거두기 어려웠다. 아울러 중요산업으로부터 평화산업으로 이동을 막을 수 없다는 치명적인 약점도 드러냈다. 이에 이를 보완할 새로운 제도적 장치가 필요하게 되었다. 그 결과 두 법령을 전면적으로 개정 통합하고 그 위에 새로이 종업자의 해고 및 퇴직을 제한하는 규정을 신설하여 공포한 것이 노무조정령(1941년 12월 6일에 제정, 1942년 1월 10일 공포, 1942년 1월 10일 시행, 1943년 6월 개정)이다.

노무조정령의 핵심은 "국가의 긴요한 사업에 요하는 노무를 확보하기 위해 국가총동원법 제6조 규정에 근거하여 종업자의 고입, 사용, 해고, 취직, 종업, 퇴직, 임금, 급료 기타 종업조건에 관한 명령의 제한은 별도로 정하는 것을 제외하면 본령이 정하는 바에 따른다."(제1조)는 총칙에서 알 수 있듯이, 적용대상이 사용자 뿐만 아니라 종업자의 취직과 퇴직까지 통제하는 단계에 접어들었음을 명시한 법령이라는 점이다. 또한 적용제외대상으로 "14세 미만 또는 60세 이상의 남자 및 14세 미만, 40세 이상의 여자로서 기능자의 고입 및 취직을 한 경우"(제5조)로 명시함으로써, 기능자의 범위를 국민직업능력신고령에 비해 넓혔다.

대미개전(태평양전쟁)을 앞둔 변화의 과정 속에 국민징용령 개정도 포함되어 있었다. 국민징용령 제2차 개정(칙령 제1129호. 1941년 12월 15일 공포)의 주요 내용은 피징용자의 종사업무를 확대하는 내용(제4조 2항)과 피징용자 및 가족에 대한 부조규정 신설, 후생대신이 지정하는 지정공장을 첨가하여 민간공장에서도 징용을 실시할 수 있게 한 점 등이다. 개정된 조항에 의해 "피징용자는 종래 국가가 행하는 총동원업무, 정부관리공장 등 총동원 업무 외에 필요한 경우에는 후생대신이 지정하는 공장사업장 등의 총동원업무"에도 동원할 수 있게 되었다.(제4조 2항)

이같이 국민징용령 2차 개정에서는 기본적으로 징용대상자나 징용작업장의 확대에 역점을 두었다. 이를 통해 비록 국영화하기는 했으나 직업소개소와 기업이 주관한 '자유모집'이라는 외피에 가린 인력동원의 틀이 수정되었다. 또한 부조규정을 통해 총동원체제 아래 국민징용제도의 필수적인 당근 정책을 마련했다. '부조규정의 신설'은 그동안 당연시되어 온 병력에 대한 원호제도의 범주가 피징용자에게 확대된 것으로 보아야 한다. 물론 일본에서 노무자에 대한 부조제도는 공장법과 광산법 등 관련 제도에 의해 이루어졌고, 노동자연금제도 등을 통해 강화되었다. 그러나 민간기업의 주도 아래 이루어지도록 함으로써 정부의 책임소재가 제한되어 있었으나 국민징용령 개정을 통해 정부의 책임이라는 점이 명시되었다. 또한 2차 개정에서 부조규정이 필요했다는 점은 노동력 동원에 대한 정부 차원의 중요성이 높아졌다거나 책임의 소재가 분명해졌다는 의미에 그치지 않는다. 무조건적인 헌신이나 대가 없는 노동력 제공이 여의치 않게 되고 공식적인 수준의 반대급부를 사용하지 않으면 안 될 상황에 직면했음을 의미하기도 한다.

1941년에 258,192명으로 급속히 증가한 일본의 피징용자 현황에도 불구하고 전세戰勢의 악화로 인해 일본의 인력 부족 문제는 해결되지 않았다. 비록 대본영은 '전진轉進'이라는 단어를 사용해 패퇴를 인정하지 않았으나 1942년부터 일본은 태평양에서 제해권을 잃고 있었다. 1941년 12월 진주만 공격 이후 필리핀과 괌을 필두로 동남아시아의 대부분을 점령한 일본군은 1942년 6월 5일 미드웨이 해전에서 4척의 항공모함을 잃으면서 전국의 주도권을 빼앗기는 결정적인 계기를 맞았다. 더구나 1943년 4월 야마모토(山本五十六) 해군대장이 전사함으로서 전세를 뒤집을 작은 희망조차 사라졌다. 이후부터 일본전쟁연표는 '전멸'과 '몰살', '함락'만을 기록하고 있다.

이러한 상황에서 국민징용령은 3차 개정을 맞는다. 3차 개정을 통해 조선과 일본은 '몽땅 동원'체제에 들어갔다. 개정된 국민징용령(칙령 제600호. 1943년 7월 20일 공포. 8월 1일 시행. 조선과 대만, 화태, 남양군도에서는 9월 1일 시행)은 제2조 "징용은 국가의 요청에 근거해 제국신민으로 긴요한 총동원업무에 종사할 필요가 있는 경우에 이를 행함"을 비롯해 총 25개 조항이 개정되었다.[36] 조선총독부 관보 5000호, 1943. 9. 30일자 3차 개정은 지금까지 징용제도의 개정이 '양적인' 문제인데 비해, 3차 개정을 통해 징용의 질적인 전환을 의도했다고 평가받는다.[37]

국민징용령 3차 개정 내용의 토대는 1943년 1월 20일자 각의결정(생산증강근로대책긴급요강)에 명시된 국민징용제도의 쇄신강화방책이다. 1942년 중반 이후 전황이 악화되면서 군수생산분야도 "생산제반 요소의 분리적 동원"이라는 정책 방향에서 변화를 가져와 "일정 부문으로 집중 동원"이 모색되기 시작했다. 이러한 상황에서 각의결정이 내려졌다. 긴급요강은 "사장의 징용까지 포함하는 징용제도의 쇄신과 강화, 남은 인적 자원 동원의 철저화" 등을 내용을 하고 있다. 이 긴급요강을 구체화한 것이 1943년 국민동원계획이다. 이 계획은 노무공급원의 확충과 적정배치를 기하기 위해 '남자 취업의 금지와 제한, 불급不急학교의 정리, 배치전환의 강제, 국민징용 실시의 강화' 등을 담고 있다.

긴급요강에 따라 관련법령이 잇달아 개정되었다. 6월에 노무조정령과 국민근로보국협력령이 개정되었고, 7월에 국민징용령이 개정되었다. 노무조정령은 "남자 종업자의 고입, 사용, 취직 및 종업을 금지 혹은 제한하는 한편, 기업정비관련자에 대해 후생대신이 지정하

---

36) 조선총독부 관보 5000호, 1943. 9. 30일자
37) 佐佐木 啓, 「徵用制度下の勞資關係問題」, 『大原社會問題硏究所雜誌』568號, 2006, 32쪽

는 공장사업장에 취직을 명할 수 있다"는 내용을 핵심으로 한다. 같은 달에 개정된 국민근로보국협력령은 국민근로보국대를 일종의 상시 조직으로 운용하기 위해 남자의 연령을 50세로 올리고, 기간도 60일로 연장한다는 내용이다.

국민징용령 3차 개정의 특징은 세 가지이다. 첫째, "징용은 국가의 요청에 근거해 제국신민으로 긴요한 총동원업무에 종사할 필요가 있는 경우에 이를 행함"(제2조)이라는 조항을 통해 이전까지 자유모집의 보완적 역할이라는 소극적 위치에서 벗어나 국가적 성격이라는 적극적인 의의를 강조했다는 점이다. 이 조항은 종래 견지하던 "징용이 직업소개기관 기타 모집 방법에 의해 소요인원을 확보할 수 없는 한" 실시한다는 방침이 "국가의 요청"으로 수정되었다는 점에서 중요한 의미를 갖는다. 3차 개정을 통해 징용이 더 이상 '모집의 보충제도'가 아니라는 점을 분명히 한 것이다.

두 번째는 피징용자의 호칭으로서 '응징사'를 채용했다는 점이다.(16조) 특히 응징사에 대해서는 1942년 9월 후생성결정(근로관리 기본방책의 확정)에 명시된 신상필벌제도 확립 방침에 따라 피징용자의 표창과 복무규율에 대해 명령으로 정할 수 있는 규정을 추가했다.[38] 勞働行政史刊行會,『勞働行政史』下, 1961, 1103쪽 국민징용령 16조 5항(피징용자로서 관리공장 또는 지정공장에서 행하는 총동원업무에 종사하는 자는 이를 응징사라 칭한다. 응징사의 징계, 복제 기타 응징사의 복무에 관해 필요한 사항은 명령으로 정한다.)에 따라 8월에 '응징사복무기율'을 제정했다.

---

38)勞働行政史刊行會,『勞働行政史』下, 1961, 1103쪽

3차 개정의 세 번째 특징은 '고용주 징용'에 대한 규정이다.

'후생대신 관리공장 또는 지정공장의 사업주(사업주 법인인 경우에는 대표자)를 징용하고 해당공장에서 담당하는 총동원업무에 종사하도록 함에 제6조 내지 전조前條 규정에 구애받지 않고 명령이 정하는 바에 따라 징용명령을 발하고, 해당 공장의 소재지를 관할하는 지방장관에 이를 통달하여 지방장관으로 하여금 징용령서를 발하여 징용되어야 할 자에게 이를 교부하도록 하거나 또는 징용령서를 발하여 징용되어야 하는 자에게 이를 교부해야 함.'(제7조 4항)

이 조항이 만들어진 배경에는 징용공들의 불만을 잠재우고 '황국근로관을 구현'하기 위한 당국의 정책이 자리했다. 3차 개정의 토대가 되는 각의결정 「생산증강근로대책긴급요강」(1943년 1월 20일자)에서도 "피징용자 전원 일체의 태세로 생산증강에 매진하기 위해 사장의 징용 조치"를 강구할 것을 강조했다. 그 과정에서 전시체제 이전에 일본 사회에서 사용하던 '노동자勞働者'와 '자본가'라는 개념의 큰 틀은 유지되었지만 '노(勞)'에 해당하는 용어는 다양해졌다. 각종 통제 법령에는 노동자 외에 '노무자' '종업자' '근로자' 등 다양하게 표현되고 있음을 볼 수 있다.

일본이 전시체제에 들어서 새로운 내용의 노동정책이 수립 운영되면서 노동관의 변화는 불가피했다. 그 가운데서도 가장 먼저 강요된 것이 노동의 개념 변화이다. 이전에 육체노동자를 지칭하는 개념으로 사용되었던 노동자는 적용의 범주가 확대되어 정신노동자와 육체

노동자의 범주를 넘어서 모든 직업에 종사하는 사람들을 노동자 또는 근로자로 지칭하게 되었다. 이러한 용어 변화의 배경에는 황국근로관이 자리하고 있다. 노동을 국민의 영예와 봉사로 여기도록 하는 총동원체제의 일반적인 노동관은 황국근로관을 통해 '황국민의 봉사활동'이나 '신도神道 실천'을 위한 '환희'로 받아들이도록 한 것이다. 이를 위해 일본당국은 1940년 11월 '근로신체제확립요강'(각의결정)을 통해 근로의 본질을 규정했고, 같은 시기 대일본산업보국회 창립선언(1940.11)에서 구체화했다. "황국신민이 지켜야 할 근로관"으로 불리게 된 황국근로관은 구미歐美 국가와 일본을 구별 짓는 큰 잣대로서 일본의 도덕적 우월성을 강조하는 도구가 되기도 했는데, 정책담당자와 이를 뒷받침하는 학자들의 작업에 의해 적극적으로 일본 사회에 확산되었다.[39]

이와 같은 작업의 하나가 법령을 통한 적용이었다. 국민징용령도 예외가 아니어서 "징용은 의무이자 명예"라는 명분은 국민징용령 시행 당초부터 일본당국이 강조해온 점이다. 아울러 이러한 징용의 국가적 성격을 강조하는 추세는 징용이 민간사업장으로 확대됨에 따라 당국은 특히 의의를 부각했다. 그런데 황국근로관을 구현하는 과정에서 나타난 문제점은 '국가적 명예를 가진 징용공을 본질적인 이윤추구를 목적으로 하는 민간 기업이 사용한다는 것이 과연 그 명예에 합당한 것인가' 하는 점이다. 이 점에 대해서는 이미 1942년 말부터 문제가 제기되었다.

---

39) 佐佐木 啓, 「徵用制度下の勞資關係問題」, 28쪽

81회 제국의회(1942년 12월부터 1943년 3월)에서 야마자키(山崎常吉) 중의원이 한 질문[군속과 징용공 원호의 차이 문제]이나 하네다(羽田武嗣郞) 중의원의 지적[징용공은 생산증강에 정신挺身하고 있는데 비해 기업의 성질은 여전히 이윤추구]은 여러 의원이 공감하는 내용이었다. 중의원의 질문에 대해 고이즈미(小泉親彦) 후생대신은 모순의 존재를 인정했다. 그는 '사장징용' 등 정책에 의해 '노자일체'의 현실화를 목표로 징용과 민영의 모순을 해소할 계획임을 언급했다.

이 점은 1941년 이후 징용제도의 확대와 그에 따르는 징용공의 능률, 대우문제가 생산 상황의 악화와 함께 단지 단속의 방법뿐만 아니라 기업경영이나 생산 질서의 자세에서 변화가 필요하다는 점을 정부수뇌부가 인식하고 있다는 의미이다. 또한 이 문제는 1943년 3월 25일 도쿄(東京)시 헌병대, 특고경찰, 군수회사 노무관리담당자가 참가한 제2회 노동문제간담회에서도 논의되었다. 이 자리에서 참석자들은 기업 성격의 전환에 의해 사업주에 대해서도 황국근로관이 철저하게 이루어져야 한다는 데 동의하고 있었다.[40]

이 문제제기는 총동원체제로 인해 '징용공'이 된 일본 민중들의 불만을 바탕에 깔고 있다. 전쟁의 장기화에 따라 확대된 징용제도는 생산현장의 혼란과 민중의 불만을 불러 일으켰다. 1941년 8월부터 시작한 민간사업장의 징용 확대는 '국가 ↔ 징용공'이라는 국민징용령 실시 당초의 정책 틀을 넘어서 '자본 ↔ 징용공'이라는 새로운 문맥을 포함하게 되었다. 그 결과 징용은 국가적 명예임에도

---
40) 佐佐木 啓, 「徵用制度下の勞資關係問題」, 28~29쪽

자본가의 징용공에 대한 대우는 자의적이어서 모순이 발생했다. 식량배급제도와 각종 통제법령에 의한 일자리 이동의 통제에 이은 징용의 확대는 민중들이 가장 중요하게 생각해 온 일상의 정상성을 지나치게 억압하여 생존권의 위험이 정도를 넘어섰다고 받아들이게 되었다.[41)]

총동원체제를 유지하기 위해서는 모든 통치 대상자들을 총동원 대상에서 제외하거나 아니면 지위 고하를 막론하고 모든 사람들이 감당하는 의무라는 점을 받아들이도록 제도적인 조치를 마련해야 했다.

3차 개정은 후자의 조치였다.

1944년에는 국민징용령 4차 개정이 이루어졌다. 4차 개정(1944.2.12. 칙령 제89호)[42)]의 배경으로는 1943년 9월 8일 이탈리아의 항복과 태평양 전선에서 해군의 연이은 패퇴를 들 수 있다. 이탈리아의 항복은 유럽 전선에서 전선이 줄어들었음과 그로 인해 연합군의 전력이 남은 전선에 집중될 수 있음을 의미하기도 한다. 또한 일본군은 태평양 전선에서 패퇴를 계속하고 있었다. 10월 2일에 솔로몬군도 중부의 코론반가라섬에서 1만 2000명이 철퇴했고, 10월 6일에는 배라라배라섬에서도 철퇴했다. 11월 21일에는 미

---

41) 1939년 3월 25일자로 낙농업조정법(우유생산과 유제품 제조 통제)이 공포되고, 4월 12일자로 미곡배급통제령이 공포되었으며 1940년 6월 5일부터는 설탕과 식량배급이 실시되었다. 1941년 4월 1일, 일본에서는 식량사정이 악화되어 6대 도시에서 식량배급통장제도가 실시되었고, 1942년 2월 1일에는 식료관리법을 공포하여 된장과 간장의 통장배급제와 의료품의 배급표 제도를 실시했다. 진주만 공격을 하기 이전에 실시한 1941년 식량배급통장제도는 도시민들의 위기의식과 염전(厭戰)의식을 불러일으키기에 충분했다. 조선에서 식량배급은 일본보다 조금 늦은 시기인 1943년에 실시되었다.
42) 아시아역사자료센터, 공문유취 68~69편, A03010200000

군이 길버트제도의 마킨과 다라와에 상륙했다. 이 전투에서 일본군 수비대 5400명이 전멸했다. 이러한 전국戰局의 변화로 인해 1943년 하반기에는 노동력 투입과 통제경제 정책이 더욱 확대, 강화되었다. 1943년 10월 2일자로 공포된 재학징집연기임시특례로 인해 학생의 징병유예가 정지되었고, 18일과 31일에 각각 통제회사령과 군수회사법이 공포되었다. 1944년에는 '제2중공업부분기업정비조치요강'(각의 결정)에 의해 군수 관련 공업의 기업계열을 정비하고(1.18), 같은 날, 군수회사법에 따라 ㈜ 미쓰비시(三菱)중공업등 150개사를 군수회사로 지정했다. 그 결과 군수회사 소속 노동자들은 현원징용으로 전환되어 대규모 피징용자를 양산했다.


## 2. 국민징용령과 조선

일본에서 국민징용령이 공포되자 조선에서는 국민징용령을 게재한 조선총독부 관보의 같은 호수(3811호, 9월 30일자)에 조선총독부령 제164호로 국민징용령시행규칙(9월 30일자 공포, 10월 1일자 시행)과 출두여비지급관련 부령 3건(부령 제165호, 부령 제166호, 부령 제167호)을 게재했다. 제정 당시 국민징용령 부칙에는 "본령은 1939년 7월 15일부터 이를 시행한다. 단 조선, 타이완臺灣, 화태樺太 및 남양군도南洋群島에서는 1939년 10월 1일부터 시행한다."고 명시되어 있다. 1차 개정과 2차 개정에서는 적용지역에 대한 단서 조항이 없다. 3차 개정에서는 부칙에 "본령은 1943년 8월 1일부터 이를 시행하다. 단 조선, 대만, 화태 및 남양군도에서는 1943년 9월 1일부터 시행한다."고 명시했다. 4차 개정(1944년 2월 12일. 칙령 89호)에서도 부칙에는 "본령은 공포 날로부터 이를 시행한다. 단 조선, 대만, 화태 및 남양군도에서 제25조 제3항 개정 규정을 제외한 나머지는 1944년 5월 1일부터 시행한다."고 명시했다.

| 조선에 적용된 국민징용령 | | | | |
|---|---|---|---|---|
| 법 이름 | 공포일 | | 주요 내용 | 시행일 |
| 국민징용령 | 1939.7.8 | 칙령 제451호 | 전문 26조, 부칙 1항 : 군무원 동원 근거(6조) | 시행(7.15) 조선·대만·화태·남양군도에 적용(10.1) |
| 국민징용령(개) | 1940.10.16 | 칙령 제674호 | 총 13개 조항 개정 : 현원징용 근거 | 시행(10.20) |
| 국민징용령(개) | 1941.12.15 | 칙령 제1129호 | 총 12개 조항 및 부칙 개정 : 부조 규정(19조 3항) 추가 | 공포일 동일 |
| 국민징용령(개) | 1943.7.20 | 칙령 제600호 | 총 18개 조항 개정 : 사장 징용, 응징사 근거 | 시행(8.1). 조선·대만·화태·남양군도에 적용(9.1) |
| 국민징용령(개) | 1944.2.18 | 칙령 제89호 | 총 3개 조항 및 부칙 개정 | 조선·대만·화태·남양군도에 적용(5.1) |

법령으로만 명시한 것이 아니라 실제 제도 속에서도 운영된 증좌를 확인할 수 있다. 행정부서의 업무 분장이다. '국민직업능력등록 및 국민징용에 관한 사항'이 조선총독부 행정기구의 업무분장에 자리한 것은 1941.3.13. 내무국 노무과의 설립(훈령 23호)이

시초이다. 이후 조선총독부의 직제 개편 과정에서도 존치하다가 1945.4.17 직제 개편 이후에는 '동원'으로 대체된다. 이는 국민징용 관련 업무가 최소한 1941년 3월 이후부터는 조선총독부의 공식적인 업무로 확립되었음과 1945.4.17 이전까지 계속되었음을 의미한다.

국민징용령 제3차 개정을 통해 국민징용령이 전면적으로 적용된 점에도 조선과 일본은 동일했다. 국민징용의 국가성이 명확해지고 '관리공장 ↔ 사업주'의 징용이 규정되었으며 피징용자가 국가와 공법상 복무관계를 갖도록 하는 것을 특징으로 하는 '몽땅 동원'을 명문화한 3차 개정을 통해 인력동원체제는 새로운 국면으로 접어들게 되었다. 이러한 새로운 인력동원체제의 물결은 조선에도 밀려들어왔다.

조선총독부는 9월 30일자로 국민징용령시행규칙을 개정(부령 제305호. 공포일자 시행)하고 개정내용에 따라 절차와 각종 양식을 마련했다. 국민징용령 제16조 5호 규정에 따라 1944년 2월 8일부터 적용되는 응징사복무기율을 조선에서도 제정 공포했다.(1944.2.8. 부령 34호) 또한 부령 제306~308호를 통해 출두여비지급과 조사 등록 업무를 가능하도록 했으며, 국민징용령 부조규칙(부령 제309호)도 제정했다.[43] 이를 통해 동원의 공식성과 반대급부인 '원호'가 균형을 이루게 되었다.

국민징용령 3차 개정에서 황국근로관이 강화되고, 이에 따른 사

---

43) 조선총독부 관보 5000호, 1943. 9. 30일자

장징용제도를 채용한 것은 징용된 민중의 불만을 잠재우고 '의무로서 징용제도'를 운영하기 위함이다. 징용을 황국근로관에 입각한 의무로 받아들이게 한 대표적인 사례가 응징사제도이다.

3차 개정된 국민징용령 16조 3항에서 "징용당한 사람은 충성을 다하여 총동원업무에 부지런히 종사해야 한다"고 명시하고 5항에서 응징사제도의 운영을 규정했다. 피징용자를 응징사라 하여 "병사와 같은 정신과 절도를 가지고" "비록 군복을 입지 않고 총검을 들지는 않았지만 그 직역을 전장으로 삼아 1억 군국君國에 대한 충성심에 철저히 할 것"을 요구했다. 또한 신민臣民에 대해 황국皇國이 베푸는 반대급부로서 '원호'를 내세웠다.

당국의 홍보자료에 의하면, 응징사란 국민징용령 16조 조항 및 응징사복무기율(조선)에 따라 관리공장이나 지정공장으로 징용된 사람을 지칭한다. 조선인 이영근(上田龍男)이 번역한 『조선징용문답』에 의하면, "군에 징용당한 사람을 군속이라 하듯이 징용당한 사람들의 국가에 대한 신분관계는 응징사"라는 명칭으로 규정했다. "응징사란 민간공장인 관리공장 혹은 지정공장에 징용되어 가는 사람"으로서 "징용은 국가가 하는 일이라는 뜻을 명확히 알고 징용당한 사람들의 국가에 대한 신분관계"[44]가 정해졌다. 이들은 가슴에 부착한 휘장에 의해 신분을 표시했다. 이러한 응징사 정의를 바탕으로 각종 관련 자료를 통해 상세히 살펴보자.

응징사 제도의 운용과 구체적인 송출과정과 훈련과정 등을 통해

---

44) 宮孝一 저, 上田龍男 역, 『朝鮮徵用問答』, 每日新報社, 1944, 57~58쪽

응징사의 성격을 파악할 수 있다. 응징사에 관한 법적 근거는 국민징용령(3차 개정)이고, 국민징용령 16조 5항에 의해 '응징사 복무기율'(총 7조)이 시행되었다. 이 제도가 국민징용제도 운용 체제에 포함된 제도임을 알 수 있다.

'국민직업능력 등록 및 국민징용에 관한 사항'은 1941.3.13. 내무국 노무과의 설립(훈령 23호)이 시초이다. 이후 후생국 노무과(1941.11.19)와 사정국 노무과(1942.11.1), 광공국 노무과(1943.12.1), 광공국 근로동원과(1944.10.15), 광공국 근로부 동원과(1945.1.27)로 직제가 바뀌는 과정에서도 계속되다가 1945.4.17 직제 개편 이후 찾을 수 없다.[45] 응징사 관련 업무를 1944년 2월 응징사복무기율이 발표된 이후로 본다면, 업무 담당 부서는 광공국 노무과로 볼 수 있다.

1944년 2월 8일에 응징사복무기율을 보도한 직후인 매일신보 18일자 '열투熱鬪하는 응징사 - 징용전선 현지 보고'에서 일본제철에 징용되어 불타는 용광로에서 일 하는 응징사를 소개하고 있다. 이 기사에 의해, 사봉대[仕奉隊. 국민정신총력연맹이 노동자 연성 대책으로 마련한 애국반 조직의 일종. 총력연맹은 1943년에 각 직역연맹의 애국반을 군대조직의 형식으로 재편하고 사봉대라 지칭]가 응징사 훈련을 담당했음을 알 수 있다.

이상의 내용을 통해 다음과 같은 사실을 확인할 수 있었다. 응징사는 법령(국민징용령)에 '피징용자로서 관리공장이나 지정공장으로 징용된 사람'으로 규정된 존재로서 주로 1944년 하반기에 식

---

45) 1945.4.17일자 직제 규칙의 배경은 일본 대본영의 본토결전 전략의 수립(1945년 1월 20일에 '제국육해군작전계획대강')과 국민근로동원령(칙령 94호. 1945년 3월 6일 공포. 조선에서도 3월 31일자로 시행규칙을 공포하여 4월 1일부터 시행)의 시행이다.

민지 조선에서 동원되었다. 이들은 한반도 내에서는 물론이고 일본 등 한반도 밖으로도 송출되었다. 응징사의 훈련은 사봉대가 담당했다.

그동안 학계에서는 『조선징용문답』에 나오는 '민간공장에 징용되었다'는 점에 주목하여 '응징사는 노무동원의 일종이며 노무동원의 강화된 형태'이고, '전사戰士는 전사이지만 산업전사이므로 노무동원'이며, '노무자이지만 국가와 신분관계를 맺고 있음으로 국가는 원호를 통해 이들의 노동 자체에 대해 공식적인 의미를 부여'한다고 이해했다. 동시에 1944년에 경북 경산에서 오키나와로 송출된 응징사 690명에 대해서는 유수명부(留守名簿, 船舶軍 沖繩, 특수군 103구 8886)와 임시군인군속계(臨時軍人軍屬屆 경상북도16)기록을 근거로 군속에 분류했다.[46]

경산에서 송출된 응징사 690명이 1944.7.12.엘이 부대에 배속된 군부軍夫와 군속[傭人]이라 기록되어 있기 때문이다.

국민징용령은 국민직업능력신고령 등 관련 법령과 연동되어 실시된 법령이고, 전국戰局의 변화에 따라 여러 차례 개정을 거쳤음에도, 국내 연구에서 이들과 관련성 속에서 이해한 연구는 찾기 어렵다. 법령을 이해한다는 것은 문구나 조항에 대한 이해는 물론이고, 법령을 둘러싼 환경과 관련 법령 및 제도에 대한 이해를 포함한 폭넓은 접근이 필요하다. 국민징용령에 의한 조선인의 '징용'이

---
46) 강정숙, 「일제말기 조선인 군속 동원 - 오키나와로의 연행자를 중심으로」, 『사림』23, 2005, 199~200쪽; 신주백, 「한국근현대사와 오키나와 - 상흔과 기억의 연속과 단절」, 『한국민족운동사연구』50, 2007, 297, 303쪽

란, 단지 강제성을 규정하는 잣대로서만 의미를 갖지 않는다. 특히 3차 개정을 계기로 동원과정이나 담당한 업무의 내용, 이에 대한 원호제도의 마련 등 질적으로 이전 시기와 차이를 보이기 때문에 식민지 조선의 동원 체제 전체의 상을 파악하는 데 매우 중요한 의미를 갖는다.

그럼에도 그동안 학계에서는 다수의 피징용자를 양산한 시기였던 1944년을 '비로소 조선인이 징용' 당한 시기로 파악했다. 마치 '1939년에 제정·공포된 국민징용령에 조선인이 적용되지 않는다'는 제한 조항이라도 명시되어 있는 듯 인식해왔다. 이를 전제로 일본에서는 1939년부터 곧바로 적용했던 국민징용령을 조선에 곧바로 적용할 수 없는 상황이었다는 오류를 그대로 연구에 반영했다. '1939년에 조선에 적용하고자 했던 국민징용령이 조선 민중의 저항을 고려해 미루어진 것'이라는 식의 기술도 흔히 볼 수 있었다. 그러나 일본에서도 1939년에 징용된 일본인 수는 850명에 불과했다.

또한 학계에서는 국민징용령에 의한 '피징용자'의 신분이 일본정부가 생산한 명부에 '군속'으로 기재된 점을 정확히 파악하지 못하고, 분리해서 이해했다. 법령을 정확히 확인하지 않고 당시 신문기사보도에 의지하거나 선행연구를 무비판적으로 수용한 결과였다. 이러한 인식과 기술은 조선과 조선인에게 적용된 국민징용제도의 실체를 제한적으로 이해하도록 하고, 인력동원의 인식을 화석화하며 편향된 이미지를 확산하는 데 기여했다.

# 에필로그
## 강제성을 생각하다

　징용제도는 인력동원 가운데 하나였으나 당시 민중들은 징용을 인력동원과 동일한 용어로 받아들였다. 그 이유는 무엇인가. '강제성'을 상징하기 때문이다. 2013년은 강제성을 생각하기에 충분한 상황이다.

　일본의 전범이었던 기시 노부스케(岸信介)의 외손자가 일본 수상에 취임한 시기마다 대일과거청산문제는 뒷걸음질을 쳤다. 처음 수상을 했던 2007년 3월, 아베 신조(安培晉三) 수상은 일본군위안부 동원과 관련해 '협의의 강제성은 없었다'고 발언했다. 아베 수상이 말하고 싶었던 협의의 강제성이란 "유괴범처럼 집에 침입하여 사람을 데리고 간다"거나 "유괴범처럼 관헌이 무단으로 들어가 사람을 데리고 간다"는 말로 표현되는 강제이다. 두 번째 수상을 맡은 2012년 이후로는 발언의 강도가 강해져서 '폭언'에 이르렀다. '침략전쟁은 학계가 판단할 몫이라는 둥' 마치 해볼테면 해보라는 식이다.

　안타깝게도 이런 폭언의 토대를 이루는 편향된 역사인식은 아베 수상이나 일본우익의 독점이 아니다. 역사교육의 부재로 인해 학생들은 전범기인 욱일기(旭日旗)를 패러디하며 즐거워하고 '야스쿠니신사(靖國神社)는 싸이의 유행가인 젠틀맨인가?'하고 갸우뚱한다. 천진난만한 답변은 당시 시대와 상황에 대한 이해와 관심이 한국과 일본 모두에 시급한

과제임을 다시금 확인하게 해준다.

조선이 식민지가 되어 근대화를 이루었고 잘살게 되었다고 주장하는 학자들은 '자기 발로 걸어서 갔고 임금도 받았다는데 그게 뭐가 강제냐? 그냥 돈 벌러 간 것이지'라는 주장을 공공연히 내세운다. 그렇다. 당시 조선에 살았던 사람들은 철사 줄에 꽁꽁 묶여 질질 끌려서 가지 않았다. 대부분 자기 발로 걸어갔다. 그런데 왜 '강제 동원'이니 '강제 연행'이니 하는가!

'징병', '징용'은 일본 공문서는 물론이고 우리 사회에서도 흔히 사용하는 용어이다. 여기서 '징懲'은 무엇을 의미하는가? 자신의 의사에 따른 행위에는 '징'을 붙이지 못한다. 징병이나 징용이라는 용어만으로도 강제동원임을 알 수 있다. 그리고 일본은 노무 동원에 대해 공문서에서도 '공출'이라는 용어를 거리낌 없이 사용했다. 공출이란 놋그릇이나 쌀 등 물자 공출만을 연상하지만, 당시 일본은 조선인을 '공출한다'는 표현을 공식적으로 사용했다. 철사 줄에 꽁꽁 묶여 질질 끌려가지 않고 제 발로 걸어서 갔다 하더라도 이것은 분명한 강제이고, 자유의사와 상관없었음을 알 수 있다.

또한 당시가 어떤 시대였는가?

전시체제기에 총동원기였다. 일본은 1938년 5월부터 완전한 총동원 체제로 들어갔다. 국가총동원법이 그것을 증명한다. 일본은 1931년에 만주사변을 일으킨 이후 준전시 상태에 있다가 본격적인 전시 체제로 들어섰다. 이 시기는 정상적인 생산 활동이나 정치 활동이 허용된 시절이 아니다. 전쟁을 위해 일상을 포기하고 권리를 유보

해야 하는, 모든 것이 전쟁 수행을 위해 투입되는 비상 시기였다. 노동자와 자본가 간 합의와 계약으로 임금이나 노동 조건을 정하는 것이 아니라, 국가가 정한 규정(임금통제)에 따라 임금을 주었다. 직업 선택의 자유도 없고 노동자에게 어떠한 권리도 없었다. 전쟁을 위해 노역을 제공해야 하는 노무자였다.

이 점은 1993년 일본 정부가 발표했고, 20년이 흐른 지금 일본 정부 스스로가 없애지 못해서 안달인 고노 담화가 해답을 알려주었다.

> 고노 담화[1993.8.4 고노 요헤이 관방장관이 발표한 위안부 관계 조사 결과를 담은 담화]
>
> 이른바 일본군 위안부 문제에 대해서 정부는 재작년 12월부터 조사를 진행해 왔으나, 이번에 그 결과가 정리되었으므로 발표하기로 하였다.
>
> 이번 조사 결과, 장기간에, 또한 광범한 지역에 걸쳐 위안소가 설치되어 수많은 위안부가 존재했다는 것이 인정되었다. 위안소는 당시의 군 당국의 요청에 의해 설영된 것이며, 위안소의 설치, 관리 및 위안부의 이송에 관해서는 구 일본군이 직접 혹은 간접적으로 이에 관여하였다. 위안부의 모집에 대해서는, 군의 요청을 받은 업자가 주로 이를 맡았으나, 그 경우에도 감언, 강압에 의하는 등, 본인들의 의사에 반하여 모집된 사례가 많이 있으며, 더욱이 관헌 등이 직접 이에 가담하였다는 것이 명확하게 되었다. 또한 위안소에서 생활은 강제적인 상태 하에서의 참혹한 것이었다.
>
> 또한, 전장에 이송된 위안부의 출신지는, 일본을 제외하면 조선반도

가 큰 비중을 차지하고 있었으나, 당시의 조선반도는 일본의 통치 하에 있어, 그 모집, 이송, 관리 등도 감언과 강압에 의하는 등, 대체로 본인들의 의사에 반해 행하여졌다.

결국, 본 건은 당시 군의 관여 하에서, 다수의 여성의 명예와 존엄에 깊은 상처를 준 문제이다. 정부는 이 기회에, 다시금 그 출신지의 여하를 묻지 않고, 이른바 종군위안부로서 허다한 고통을 경험당하고, 심신에 걸쳐 씻기 어려운 상처를 입은 모든 분들께 사과와 반성의 마음을 올린다. 또한, 그런 마음을 우리나라로서 어떻게 나타낼 것인가에 대해서는, 유식자의 의견 등도 구하면서, 앞으로도 진지하게 검토해야 할 것으로 생각한다.

우리는 이런 역사의 사실을 회피하지 않고, 오히려 이것을 역사의 교훈으로서 직시해 가고 싶다. 우리는 역사 연구, 역사 교육을 통해 이런 문제를 오랫동안 기억에 남기며, 같은 과오를 결코 반복하지 않겠다는 굳은 결의를 다시금 표현한다.

또한, 본 문제에 대해서는, 본국에서 소송이 제기되어 있으며, 또한 국제적으로도 관심이 모여 있으며, 정부로서도 앞으로도 민간의 연구를 포함해 충분히 관심을 기울여 가고 싶다.


가장 확실한 강제성을 증명하는 근거는 바로 국가권력이 법령(국가총동원법 등)에 근거해 공권력을 동원하고, 이를 토대로 인력과 물자, 자금을 통제하고 동원했다는 점이다. 군인은 물론 국민징용령에 의해 군수공장과 탄광산에 동원한 피징용자들에게도 원호제도를 마련했다는 점이다.

2002년에 일본변호사협회는 '강제'란 육체적, 정신적 강제를 포함하는 것으로 이 개념은 늦어도 19세기 말에는 국제적으로, 20세기 초반에는 일본 국내적으로 확립되었다고 밝혔다. 1993년에 일본 중의원 예산위원회에서도 전시체제기 강제의 개념에 대해 '강제'란 단지 물리적으로 강제를 가한 것뿐만 아니라 본인의 자유로운 의사에 반한 모든 종류의 행위로 규정했다.

물론 일본 우익도 강제의 정의 자체를 부정하는 것은 아니다. 강제의 정의와 아시아태평양전쟁시기를 일치시키지 않는 것이다.

일반인들 사이에서 '조선인의 국적이 일본이었으므로 자국의 전쟁에 나간 것'이라거나 '강제동원은 포로로 동원되었던 중국인에게 해당되는 용어'라는 주장이 제기되곤 한다.

이 주장에 대한 답은 한국 대법원이 알려주었다.

2012년 5월 24일, 대법원(1부)은 구 일본제철[현재 신일본제철新日本製鐵]과 미쓰비시중공업(三菱重工業)에 대한 손해배상 청구소송에서 '우리나라에 대한 식민지배가 합법이라는 것을 전제로 한 일본 사법부의 판결은 대한민국 헌법의 핵심적 가치와 상반된다'고 판시했다.

일제강점기 일본의 한반도 지배가 불법적인 강점에 지나지 않고, 일제강점기의 강제동원 자체가 불법이라는 점도 분명히 했다. 그러므로 일본이 조선에 국가총동원법과 국민징용령을 적용해 강제동원한 자체가 불법이라는 결론을 내렸다.

2006년 3월 한국 우익의 본산이라는 낙성대경제연구소가 개최한 심포지엄의 제목은 '일제의 전시체제와 조선인 동원 - 징병, 징용, 위안부'였다.

평소에 '돈을 많이 받았으니 강제가 아니'라거나 '돈을 받았으니 당사자에게 피해만 준 것은 아니'라는 주장을 거듭해온 이영훈 교수가 일제말기 인력동원에 대해 '국제자유노동시장의 흐름에 근거한 인구이동'이라는 요지를 발표했다.

발표에 대한 토론자의 반론은 명쾌했다.

"저 위 플랜카드에 '동원, 징용, 징병'이라는 단어를 걸어놓고 자유노동을 이야기하는 것은 모순 아닌가. 징이 무슨 의미인가? 동원은 무슨 의미인가? 굳이 강제동원이라고 할 필요도 없다. 동원 자체도 강제다. 강제성이다"

# 참고문헌

아시아역사자료센터, 공문유취(公文類聚) 63편, http://www.jacar.go.jp
北海道炭鑛汽船株式會社, 『釜山往復』
內務省 警保局, 『特高月報』, 『社會運動狀況』
남양청 서부지청 토목과, 「조선인노무자관계철」(방위연구소 도서관 소장)
宮孝一 저, 上田龍男 역, 『조선징용문답』, 每日新報社, 1944
樋口雄一편, 『戰時下朝鮮人勞務動員基礎資料集』 2, 綠陰書房, ᅩ녀 S2000

勞働行政史刊行會, 『勞働行政史』 下, 1961
金贊汀, 『證言 朝鮮人强制連行』, 新人物往來社, 1975
飛田雄一·金英達·高柳俊男·外村大, 「朝鮮人戰時動員に關する基礎研究」, 『靑丘學術論集』 4, 1994
김민영, 『일제의 조선인노동력 수탈 연구』, 한울사, 1995
후생성사회·원호국원호50년사편집위원회, 『援護50年史』, 1997
樋口雄一, 『戰時下朝鮮の民衆と徵兵』, 總和社, 2001
전기호, 일제시대 재일한국인 노동자계급의 상태와 투쟁, 지식산업사, 2003
金英達, 『金英達著作集2 - 朝鮮人强制連行の研究』, 明石書店, 2003
山田昭次·古庄正·樋口雄一, 『朝鮮人戰時勞働動員』, 岩波書店, 2005
국사편찬위원회, 『구술사료선집 - 지방을 살다』, 2006

佐佐木 啓, 「戰時期における徵用制度の展開過程」, 早稻田大學 修士論文, 2003

佐佐木 啓, 「徵用制度下の勞資關係問題」, 『大原社會問題硏究所雜誌』 568號, 2006

정혜경, 「일제말기 '남양군도'의 조선인 노동자」, 『한국민족운동사연구』 44, 2005

정혜경, 『조선인 강제연행・강제노동1 : 일본편』, 선인출판사, 2006

표영수, 「일제강점기 조선인 지원병제도 연구」, 숭실대학교 대학원 사학과 박사학위논문, 2008

김명환, 「1943~1944년 팔라우지역 조선인 노무자 강제동원」, 『한일민족문제연구』 14, 2008

松田利彦, 『日本の朝鮮植民地支配と警察 : 1905~1945』, 校倉書房, 2009

정혜경, 『조선청년이여 황국신민이 되어라』, 서해문집, 2010

정혜경, 「스미토모(住友) 고노마이(鴻之舞)광산 발신전보를 통해 살펴본 조선인 노무동원 실태」, 『강제동원을 말한다 – 명부편(1)』, 선인출판사, 2011

정혜경, 『일본제국과 조선인 노무자 공출』, 선인출판사, 2011

국무총리 소속 대일항쟁기강제동원피해조사 및 국외강제동원희생자 등 지원위원회, 『전라남도 해남 옥매광산 노무자들의 강제동원 및 피해실태 기초조사(작성자 우영송)』, 2012

김윤식, 『한일 학병세대의 빛과 어둠』, 소명출판사, 2012